「革命」再考

資本主義後の世界を想う

的場昭弘

角川新書

最初にひとこと——新しい価値観が旧来の価値観を転覆させている

一一月のアメリカ大統領選挙でドナルド・トランプが勝利しました。ある意味、これは当然の結果であったといえます。トランプが自分の勝利を「ひとつの運動」だと述べたのは、その意味を語っています。ひとつの運動が、いま世界で起きているということです。その運動とは何か。それは、エスタブリッシュされた既存の制度や価値観に対するアンチ、つまり抵抗です。いいかえれば「革命」です。

革命というものが、たんに政治的な政権奪取に止《とど》まらず、既存の価値観の転覆を意味するのだとすれば、まさにトランプ旋風は革命であったともいえます。他の大統領候補でその可能性があったのは、バーニー・サンダースだけだったと思われます。彼が出ていたら、ひょっとして当選していたかもしれないのです。それ以外の人々は、既存の価値観のなかで戦っていただけだともいえます。イギリスのEU離脱もそうですが、既存の政党のもつ既得権への嫌悪がますます高まっているのが現状です。それを覆す運動は、当然ながら草の根的に、民衆の不満の中から起こります。

既得権をもつものは、それに対して非難の言葉を投げかけます。「非民主的、人権無視、マイノリティや女性蔑視《べっし》」などなど。しかし、この言葉が空虚に思えるほど、実は既得権をもつ人々のいう民主主義や人権は、とっくの昔に地に落ちている。なりふりかまわない、利益をめぐってのアジア・アフリカでの権益争い、その結果としての戦争、そして大量の移民流入というマッチポンプのような利益追求の図式を見れば、彼らの主張する言葉の内容は意味をもたなくなりつつあります。おまけに、そのとばっちりと尻拭《しりぬぐ》いは、民衆に回ってくるというのです。

グローバリゼーションを推進するヒラリー・クリントンやバラク・オバマは、多くの貧しい人々にとっては帝国主義者に見えたかもしれません。民主主義と人権の流布といった言葉の裏に隠された、資本と結びついた彼らの金満的戦略は、豊かさよりも、大きな貧富の格差をアメリカに生み出しているように思えます。その問題の解決のためには既得権益を覆さねばならない、と一般民衆が考えたのも当然です。

二〇一七年に行われるフランスの大統領選挙でも、同じようなことが問題となっています。フランスの社会党や共和党は、トランプの勝利に震え上がっているかもしれません。ひょっとしてマリーヌ・ル・ペンが勝つのでは？　当然右翼阻止、差別主義者阻止などという標語が、フランスのメディアで飛び交っています（大手メディア、経済評論家、有名大学教授なども当然既得権益の仲間です）。

しかし、こうした非難も従来の価値観からのみ意味をもつわけで、そうした価値観がなくなればすぐに意味を失うものです。いま起きている新しい政治の旋風を、従来の価値観でも説得できる言葉をあえて選ぶならば、ポピュリズムなどではなく「人民参加型政治」となります。この言葉を使えば、これまでの非難などたちまちに説得力を失うはずです。

もっとも既得権益者の非難の対象は、右だけではありません。左にも、こうした動きを実行しようとしている人がいます。左でいえば、アメリカのバーニー・サンダースやフランスのジャン・リュック・メランションです。実は、彼らのいっていることは右の人々のいっていることと変わりがないといえます。彼らも人民参加型の政治を主張しています。しかも、これらの人々は、決断型政治というものを重要視しています。この点が旧来の既得権型政党政治と違うところです。貧困に追い込まれた人々を、金融資本と対決しても救うという救世主型決断力です（実現のほどは別として）。いまの政治に欠けているのは、まさに対立を鮮明に押し出し、問題を解決しようとする意志と決断力であることを、彼らはいずれも理解しているのです。

さて、革命とは何であるか。抽象的に表現すれば、新しい価値観による旧来の価値観の転覆ということです。民主主義、社会主義、共産主義、これらもその言葉が出現したときは、新しい価値観であったわけです。二〇一七年は、一九一七年のロシア革命からちょうど一〇〇年の年です。革命の意味について、もう一度考えてみる時期ではないでしょうか。ひょっとして、すでに革命が起こっているのかもしれません。

二〇一六年一一月九日

的場　昭弘

はじめに

社会主義の亡霊がもう一度復活する?

今私たちをとりまく状況を見ると、「八方塞《ふさ》がり」という言葉がピッタリかもしれません。もっと言い方を換えれば、出口のない閉塞《へいそく》感が漂っているということです。もちろん大方の人はそれを実感はしているが、まだたいしたことはないと考えているかもしれません。だから、のんびりとしています。いやむしろ、テレビをつけると、日本礼賛論ばかりで、まるでこの国は本当にいい国で、閉塞感などどこ吹く風だと思っているかもしれません。いい国に生まれて幸せだと。こうした陶酔に入っているとすれば「八方塞がり」などとは物騒な話だと思うでしょう。外を見ず、ぬるま湯につかることは、J(Japan)回帰あるいは英語ではJapanization とも言われています。ジャパナイゼーションとは、ガラパゴス化のことだと聞けば、驚かれるかもしれませんが、ウィリアム・ペセックという人の『ジャパナイゼーション』(北村京子訳、作品社、二〇一六年)を読んでみてください。

そこには、日本のようにはなりたくないということが書かれています。

もっとも、世界に目をやっても、大同小異で同じ現象が起こっています。それぞれの国で、国家への回帰現象が起きているのです。イギリスのEUからの離脱問題にしても、ハンガリーやオーストリアなどでの右翼の台頭を見ても、自国への異常なまでの偏執愛が見え隠れしています。人々がひたすら自国と自国民を礼賛する傾向が強まっています。

この現象は、リーマンショック以後の経済の停滞に原因があります。経済はどん底になり、巷《ちまた》に失業者が溢《あふ》れ、国家の赤字から年金は減り、福祉は悪化した。人々は外国嫌いになり、せめて自国と自国民だけ助かればいいというエゴイズムに陥ったわけです。経済危機が解消されれば、国家への回帰現象はなくなるだろうと考えるかもしれませんが、経済停滞自身ひとつの閉塞感の表れともいえます。つまり、「リーマンショックと言われる現象は、資本主義のたんなる病気のひとつで、それはいずれ回復する」といったふうに考えること自体、実は間違っているかもしれないのです。

日本をはじめ、世界中で行われている金融緩和による景気刺激策は、まったく効果をあらわしていません。資本主義経済は、きわめて厳しい過剰資本と過剰蓄積の状態にあり、ひょっとすると資本主義は、歴史的にある役割を終えつつあるのではないかという気さえします。こんな話をすると唐突に感じられるでしょうが、歴史を振り返れば、どんな経済体制もいつかは役割を終えて、新しいものに変わっていくことは確かな事に見えます。歴史とは、こうしたことの繰り返しである。それは、マルクス主義者でなくとも、否定する人はあまりいないでしょう。もちろん資本主義だけは例外だと信じたい人もいるでしょうが、巨額の資本が自己増殖してゆくメカニズム、これが消滅する限界点に達すれば、とても維持できそうにもありません。

つまり、今資本主義はゆらぎ始めていて、ひょっとすると新しいなにかが生まれ出ようとしているのかもしれない、ということです。地球環境や、地球という市場の制約から、人々が成長できなくなる、いやそれを望むことができなくなれば、資本主義の最大の特徴である、資本の自己増殖、すなわち経済成長は止まります。成長が止まれば、資本主義は維持できなくなります。

現に起きているマイナス金利という現象は、資本の利子がマイナスに転化することです。これは、フランスの社会主義者プルードンがかつて述べた無償信用（利子なし信用）という事態を引き起こしています。そうなると、先進国が貯めてきた膨大な資本は、資本ではなく資金となり、無利子（無償）貸付へと変わり、利子を生まなくなるのです。当然、資本は未発展の地域へと投資されることで、ひたすら利子を生み出そうとします。しかし、そうした地域の限界と環境保護の中、次第にその可能性も制限されていき、資本の利子はどんどんゼロに向かって進んでいくかもしれないのです。

資本の自己増殖のない世界。それは、資本がそれをもつ個人に利子を還流させないで、社会に還流させていく世界です。つまり、資本が公的資金のように運用される世界であり、実は社会主義といわれるものです。社会主義の亡霊がもう一度復活する？　それはどうかわかりませんが、なにか新しい社会改革がないと資本主義が持ちこたえられない状態に陥り始めたことは確かな気がします。

人々は昔から、そうした状態を打破し、新しいシステムをつくりあげるために革命という方法をつかってきました。これまでの政治体制、経済体制を大きく変えるわけです。

革命は世界史的事件である

本書は、まさにある経済体制や政治体制が役割を終え始めた際に、人々がそれを察知し、限界を乗り越えるため、なんらかの急激な変化の方法を提言することを問題にしています。それは革命です。革命が暴力的な形をとるか、平和的な形をとるかは、すべて状況次第です。とはいえ、変革を進めるために、革命が産みの苦しみをつくりだすことは確かです。簡単なことではありません。

変革の現象をすばやくキャッチするのが、革命家です。革命家はそれを偶然の出来事から、必然の出来事へと流れを組み立て直し、その後に来る社会体制を予想していきます。その内容は、時代や場所によって大きく異なっていたのですが、資本主義のように世界経済全体として動いている場合は違うと思います。変革の流れは、その全体を動かすような出来事として出現するはずです。フランス革命や産業革命も、一国だけの出来事ではなく、世界全体の歴史を変える出来事でした。つまり、世界はフランス革命や産業革命のつくりあげた業績を受け入れざるをえなかったということです。結果的に失敗したとはいえ、ロシア革命も世界史的事件といっていいでしょう。なぜなら、ロシア革命が提起した問題は、いまだに解決しておらず、突然出現する可能性を保っているからです。

国家イデオロギー装置

現在の社会の動きを少し見てみましょう。すでに述べたように、自国に回帰している現象は、何も日本に限られたことではありません。それはグローバル化の反動ともいえるものですが、もっといえば「グローバル化の反転運動」といえるかもしれません。グローバル化で急激に進んだ資本蓄積が、資本主義の終わりをはやめ、その変化に右往左往している国家が自国に回帰をしているからです。

たとえば日本の言論が保守化していっているのは、ゆえなきことではありません。二五年にわたる低成長、所得の減少、韓国や中国の追い上げは、いやがおうにも国民に劣等感を与えざるをえない状況です。しかし、それを見ないで自己陶酔に陥るとすれば、仮想の空間に「うまし国日本」が出現します。

大抵の人は、日本はまだすべての面でアジアの諸国に優《まさ》っていると信じたがっています。真実を述べるか、嘘をいうか？　いつか真実を述べるとしても、当面嘘をいっておこうとなるとどうなるか。嫌中、嫌韓によって癒《いや》しモードが生まれ、優越感に浸ることになる。真実をいうものは非国民扱いされることになります。もちろん、こうした嘘はいつかバレるわけですが、そのつけは残念ながら国民全体にまわってくるのです。

こうした言論界の停滞は、日本だけではなく世界中で起こっています。真実を認めることは辛《つら》いことであります。だから独立系メディア、たとえばウィキリークスなどが登場するわけです。本書にも登場しますが、フランスの哲学者、ルイ・アルチュセールは、人々が真実を知ることで反抗することのないように、資本主義が組み立てるさまざまな政策を、国家イデオロギー装置という言葉で表現しました。

隷従という問題

今の世界は資本主義の行き詰まりの中、なにか新しい政治体制、経済体制を求めているように見えます。しかし、それでもなぜ革命は起きないのでしょうか。リーマンショック以後、金融世界に大きな規制をかけようという諸国家の動きも、なし崩しに終わり、相変わらず金融資本のための政策が続いています。世界はある意味ひとつの限界点に近づきつつあるかもしれないのに、なぜそれを認識できないのか。

二〇一五年一月、パリの「『シャルリー・エブド』襲撃事件」で亡くなった経済学者ベルナール・マリスはその著書『マルクスよ！　おおマルクスよ！　なぜ君は私を捨てたのか？』(Flammarion, 二〇一二年)で、このようなことを語っています。今の資本主義は、すべてマルクスの言っているような状態になったのに、なぜ革命が起きないのかと。

確かにそうです。条件はすべてそろっているのに、民衆はどうして立ち上がらないのか。立ち上がる勇気がないのか。一六世紀のエティエンヌ・ド・ラ・ボエシはその『自発的隷従論』（西谷修監修、山上浩嗣訳、ちくま学芸文庫、二〇一三年）で、こう述べています。「このただひとりの圧政者には、立ち向かう必要はなく、うち負かす必要もない。国民が隷従に合意しないかぎり、その者はみずから破滅するのだ。なにかを奪う必要などない、ただなにも与えなければよい。（中略）彼らは隷従をやめるだけで解放されるはずだ」（一八頁）。要するに民衆が隷従しているから、体制は変わらないのだと。一七世紀のフランスは、イギリスのような革命に遭遇しなかった。確かに、理論的にすべての条件がそろっていても、最後に民衆の意志によるひと押しがなければ何も進まない。革命は自動的に起こるものではありません。「もう隷従はしないと決意せよ。するとあなたがたは自由の身だ」（二四頁）。まさにこの言葉に重要な問題の意味があるのです。

一九一九年、バイエルンのレーテ共和国樹立の立役者にして、反革命軍にその後虐殺されたグスタフ・ランダウアーは、ボエシの主張を受け継ぎ、こう述べています。「自由になるためには、願望としても、意志としても、何も必要ではない。自由意志による隷従、それだけがあればいい」（『レボルツィオーン』大窪一志訳、同時代社、二〇〇四年、一二五頁）。なにかを壊す人々の勇気、それさえあればいいというのです。ここには理論ではなく、それをいかす人々の内在的な力があります。革命とは外在的な物的条件と、内在的な民衆の意志が結合したところに起こるといえます。

資本主義の危機は、まさにその勝利の美酒に酔ったときに始まった

さて、私たちの住む資本主義の世界を見てみましょう。資本主義は今大きな危機に直面しています。急速なグローバル化のおかげで、地球規模で資本主義化が進みました。北朝鮮のような一部の地域を除けば、もはや資本主義市場に組み入れられていない地域はないといってもいいのです。このまま行けば、すべての地域は、資本主義化する。とはいえ、これは資本主義の勝利を意味しません。

資本主義はつねに、外部に非資本主義的な市場をもつことで発展してきました。一部の先進国の富裕は、すぐには理解しえないかもしれませんが、多くの非資本主義圏の存在（からの搾取）によって成り立ってきたのです。外部市場である非資本主義がなくなるとともに、資本主義は苦しみ始めたともいえます。資本主義が促進したグローバル化が、資本主義を乗り越える反作用を始めた。

資本主義の危機は、まさにその勝利の美酒に酔ったときに始まったのです。いつ革命が起きても不思議ではないほど、実は機は熟しているのかもしれません。

だから、今ほど資本主義後の世界の将来について考えねばならないときはないのです。あえて私はかつての旧《ふる》いタイプの革命にこだわってみたいと思っています。なぜそうなのかといえば、とても資本主義が人類史の最終段階などとは思えないからです。もちろん、この私の考えをすぐに理解してもらえるとは思っていません。本書のテーマ「革命とは何か」は、まさに資本主義の後の問題を取り扱うことを意図しています。しかし、そのためには、過去の社会の革命の意味をきちんと問いたださねばならないのです。

一見すると古典的な手法に見えますが、本書で取り上げる革命は基本的にはフランス革命、パリ・コミューン、ロシア革命です。もちろん、それ以外の「革命と称するもの」も取り上げます。しかし、それらは最初の大前提であるグローバル化した資本主義が引き起こす現象にすぎない以上、革命としては取り扱うべきではないと思われます。あれやこれやの革命を紹介することに本書の意義はありません。たとえ「お前の議論は先祖がえりだ」といわれようとも、革命はやはり資本主義を揚棄するものと考えたいからなのです。

目次

＊注は編集部が各種百科事典をもとに作成した（編集協力・佐藤美奈子）。
＊注は原則として初出につけた。

序章　革命とは何か

第一節　政権移譲は革命と見なされるか

新しさのパトス

二〇一一年一月、北アフリカで大きな歴史のうねりが始まりました。ジャスミン革命[*1]ともいわれる革命運動です。「革命」すなわち revolution とは何か。「進歩の巻きなおし」とでも訳せばいいのでしょうか。ある方向に進んだ運動が、ある瞬間にまったく別の方向に揺れることが革命であるとすれば、一括して革命と述べられている事実を少し整理してみる必要があります。

革命がたんなる歴史の変化ならば、どんな政治的事件も革命といっていいことになるでしょう。しかし歴史の中で革命といわれているものを見ると、たんなる政治的事件についてそう述べられているわけではないことがわかります。そこでは、政治的革命だけではなく、社会的革命、さらに経済的革命も含む、大きな体制の変革という意味で使われていることに気づきます。

その意味では、たとえば右派から左派への政権のたんなる移譲は、革命に値しないといえます。もちろん、これが社会的革命、経済的革命を含むならば、それは革命という名に値することになるでしょう。しかし、革命という事象の上面だけを見ると、たいていは政権移譲のようなものでしかありません。上からの革命というものがあるとすれば、最初は政治的クーデターによって始まるともいえます。政権移譲が、やがて上からの社会変革と下からの社会変革に呼応すれば、それは革命ということになるのです。ロシア革命は、まさにそのような過程の革命であったといえます。

一方、下からの運動のようなものが、政治変革へと進む場合もあります。フランス革命がその典型でしょう。一七八九年七月一四日のバスティーユ事件[*2]を引き起こすに至る過程はいろいろありますが、バスティーユ監獄への襲撃事件はもっとも象徴的な事件であったといえます。これは民衆の運動であったということになるでしょう。この襲撃が、その後いろいろな政治的変革を生み出し、王政の打倒という大変革の幕を切って落とすのです。

先年亡くなった、わが国のフランス革命史研究の泰斗である遅塚忠躬《ちづかただみ》は、没後に出版された書物で次のように述べています。フランス革命からロシア革命に至る流れと、さまざまな暴力的な破壊活動とを同じテロ（暴力）という形で一緒にするべきではないと。

「近代のテロリズムは、フランス革命期のルカルパンティエから現在の自爆テロまで一直線につながっているのではなく、いわば、二つの系譜をなしている。その一つは、フランス革命からロシア革命を経て中国革命に至る系譜、つまり、社会革命の固有の属性としての革命的テロリズムの系譜であり、もう一つは、帝政末期のロシアや天皇制支配下の日本で企てられた爆弾テロから現在の自爆テロに至る系譜、つまり、革命への展望を欠いた反抗的テロリズム（社会革命を離れて独り歩きするテロ）の系譜である」（遅塚忠躬『フランス革命を生きた「テロリスト」　ルカルパンティエの生涯』ＮＨＫブックス、二〇一一年、四三頁）

またハンナ・アーレントも革命について、こう述べています。

「すなわち、新しさにたいする人間の能力を新しく経験したということが、アメリカ革命とフランス革命の両方に見られる巨大なパトスの根本をなすものである。そしてそれはさらに、その壮大さと重大さにおいてこれと比肩できるものは記録されているかぎりの全人類史に起ったことがないという、いつもくり返される主張の根拠である。

（中略）このような新しさのパトスが存在し、新しさが自由の観念と結びついているばあいにのみ、革命について語ることができるのである」（ハンナ・アレント『革命について』志水速雄訳、ちくま学芸文庫、一九九五年、四六頁）

アーレントの意味でいえば、革命とは新しさのパトスと、その新しさが自由と結びついている場合のみであるということになります。しかし遅塚とアーレントは、自由という観点から見て、まったく違った見方をしています。前者が個人の自由という政治革命の視点からではなく、自由を裏付ける社会革命という視点から見ているのに対し、後者は、個人的自由を求める人権と政治的革命を革命と見ています。

なるほど、現在では後者の個人的自由への政治的運動を革命だと考える人が多いのも事実です。これはトックヴィル、アーレント、フュレなどの影響なのですが、これがはたして革命の本当の意味なのかどうかについては、後に触れることにします。

革命と反革命が同種となった世界

フランスの月刊新聞『ル・モンド・ディプロマティック』の雑誌『マニエール・ド・ヴ

ォワール』二〇一一年八―九月号に「歴史における革命」という特集が組まれています。この特集は、当然ながら、北アフリカのジャスミン革命の影響を受けて編集されたものですが、そこに取り上げられた革命を見ると、さまざまな革命があることに気づきます。

それらが、私がここで規定する革命に値するかどうかは別として、あらゆる衝撃的変革を革命という名前で一括していることは明白です。取り上げているものをざっとあげただけでも、アメリカ・サンディカリズムのマザー・ジョーンズ[*3]、最初のフェミニストであるエマ・ゴールドマン[*4]、ホモセクシュアル運動にブラック・パンサー[*5]から自主管理運動まで、ありとあらゆるものがあります。もちろん、フランス革命もロシア革命もそのひとつに入ってはいます。その反動でもある反革命運動も取り上げられています。

まさにここではアーレント流の自由を求める革命と、遅塚流のマルクス主義的革命の二つのものが混淆《こんこう》しています。

こうした玉石混淆ともいえる雑居状態が出現しているのは、革命という問題をひとつの切り口だけで把握しにくい時代になったからでしょうか。かつては、マルクス主義的革命が革命の指針として支配的であったため、いわゆる歴史的発展段階、資本主義から社会主義へという変化が、革命という名に値するかどうかを決める要素でした。

一九八九年のベルリンの壁の崩壊によって、こうした基準が崩壊したことで、ありとあらゆる社会体制に対するマニフェストが革命という名前で語られることになったのです。だから、反革命という名称などもありえなくなったともいえます。巻き返しなら、どんな体制変革もある意味反革命であり、なおかつ革命であるということになります。

五月革命と文化大革命

こうした革命のひとつの例を提起したのが、四〇年以上前のいわゆる五月革命[*6]と文化大革命[*7]でしょうか。まさにこの二つは、相通ずるものをもっていました。それは、既存の権力に対する徹底した反抗運動であったという点です。もちろん、後者は毛沢東《もうたくとう》の権力闘争のために形成されたものでした。その意味で五月革命とはかなり違ったものであったことは否定できません。しかし、既存の共産党権力への疑義を提起したという点で見る限り、反権力運動にも見えたわけです。

また、結果的に一九六〇年代の若者の抵抗運動への範を図らずも示したという点でも、五月革命と相通ずるところがあったといえます。この二つを、いわば権力的国家や、支配文化に対する若者の抵抗運動という側面から見ることもできます。それは一方で市民社会の運動ともいえるし、他方でホモセクシュアル、フェミニズム、ブラック・パンサーのような、既存の権威に対する抵抗運動であったともいえます。

もちろん、五月革命も、けっして一枚岩の運動ではありませんでした。文化大革命に魅了された学生たちが五月革命の運動の一部を支えたといっても、労働者のストライキ闘争や既存左翼の闘争は、けっして市民社会型の革命運動の形態をとっていなかったからです。既存の労働組合や既存の左翼学生は、ある場合は社会主義革命すら意図していましたし、政権の収奪を意図していたともいえます。また、ある人々は、資本主義の近代化のための可能性を五月革命に見たともいえます。

個人の自由と疎外の克服という問題

二〇世紀のソ連型社会主義の失敗は、人々の革命への視線を体制変革から、自己解放、個人の解放という方向へ変えます。それは、資本主義によるある程度の経済成長がもたらした中産階級の出現という時代背景と、個人の解放という思想がマッチしていたからです。歴史的に見ると農村労働者が都市に流出し、それが都市の労働者層を形成していくのですが、彼らの都市における当初の生活は悲惨を極めました。低賃金と過酷な労働、彼らはプロレタリア階級を形成しました。こうした人々を背景に旧左翼、すなわち社会主義を目指す組織ができあがったのです。

一方で、戦後の先進国は、冷戦構造の中、それぞれの国が閉じた一国資本主義体制をとりました。経済発展は国内で起こり、海外へのたいした企業の流出もなく、海外から労働者の流入もなく、きわめて閉鎖的な環境で、経済成長が労働者の所得を相対的に押し上げます。そして、押し上げられた労働者が、幸運にもあたかも大卒の労働者のような中産階級的生活を形成することになりました。一軒家をもち、それなりの貯金が可能になったことで、彼らの子供たちは大学へ大量に進学し、大学の大衆化をつくりあげます。それまで富裕な階級の学生によって形成されていた大学が、中産階級の学生に支配されるようになり、大学生の革命に対する思考も、労働者階級の解放という考えから個人の解放へと次第に変わっていきます。

一九六〇年代後半に入学してきた学生は、それまで富裕階級のための場として存在していた大学の状況に対して批判的になります。抽象度の高い、きわめて貴族的な学問が批判され、さらには教師の権威的体質も問いなおされ、大学の民主的改革への声が高まります。それは学生のクラシック音楽への志向を吹き飛ばしたビートルズ旋風や、アメリカの権威を吹き飛ばしたベトナム戦争反対闘争[*8]と重なり、支配権力への批判、支配文化への批判、個人の自由への礼賛という方向へ進むのです。こうした時代に読まれた書物がマルクーゼ[*9]やフロム、そしてその根幹に流れるフロイトの書物であったのは偶然ではありません。権威的人間に対する憤怒は、マルクス主義理論を疎外論[*10]へと変えたのです。その結果、個人の自由と疎外の克服という問題が前面に出てきます。

私的所有を変革する運動の衰退

こうした革命運動は、社会体制の変革というよりは、個人の解放へ向かうことで、人権問題へと到達します。それは人間の個人としての権利、すなわち近代市民社会を築いたフランス革命の基本的権利、「人権宣言[*11]の問題」を再確認することです。なるほど、フランス革命の人権は、私的所有を前提としていました。自由、平等、友愛は、私的所有が確保されてから成立するわけです。だからもし私的所有が不安定ならば、基本的人権は保障されえない。生きる権利を奪われるからです。しかし、あるものの私的所有が、他のものの私的所有を阻止しているならば、他のものは永遠に私的所有にありつけない。それこそフランス革命の盲点であったことは間違いありません。そのため、一九世紀には所有の権利に対して多くの批判がでてきました。それが社会主義、共産主義運動です。

ところが、私的所有がまがりなりにも労働者階級に保障される時代になれば、こうした問題は解消されます。先進資本主義諸国では、二〇世紀に少しずつこの問題が解消される、所得上昇といった現象が到来します。決定的な時代は第二次大戦後に来ます。戦後の経済成長と相対的労働者不足の中、労賃はどんどん上昇していきました。こうしてかつての貧困な労働者階級ですら、私的所有（もちろん生産手段の所有ではないのですが）を実現できるようになりました。雇用が安定してさえいれば、生産手段をめぐる私的所有についての問題には関心をもたなくてもすむ。こうして次第に、それまでの社会主義運動が担ってきた私的所有を変革する運動には、労働者は興味を示さなくなってくる時代がやってきます。

思想が革命として出現する

むしろ関心は、私的所有に表現された近代的個人の人権問題と、その自由を阻止する権威との闘争の問題に移っていきます。権威の第一は国家権力です。国家権力のもとで、近代人は新たな枠をはめられます。権威とは、国家による命令や規制のことであり、それはさらに慣習などにまで拡がります。共同体時代に育《はぐく》まれた集団的観念は、人間を共同体に結びつけることで、人々の生活を保障し、乏しい食料をうまく分配することに貢献しました。しかし、それは逆に言えば共同体内部では、秩序や身分の再生産に寄与していたわけであり、共同体は、集団の長とそれ以外、男と女、大人と子供といった一連の差別の構造を支えてもいました。

生産力の発達によって、またそのために共同体を破壊したことによって、集団の身分制は不必要なものとなります。農民が労働者として都市へ移住したことは、封建制から自由への逃走でもあり、なおかつ保障された生活から、保障されない危機への逃走でした。しかし、この危機が克服されさえすれば、都市の生活はかえって自由を保障するものとなります。そうなれば、集団的規制、すなわち反人権は、私的所有に裏づけされた人権にその座を譲ります。

人権闘争は、中流階級意識の普及とともに生じてきたものであることは間違いありません。女性の権利、堕胎の権利、余暇の権利、ホモセクシュアリティの権利など、これらを規制していた集団的権威は、こうした生活にとって重石《おもし》となってきます。先進諸国で一九六〇年代から七〇年代に起こった人権闘争は、五月革命に代表される権威に対する闘争として結実したともいえます。

確かに、これらの権威への批判が革命だとすれば、これらの運動も革命と呼んでもいいことになります。中産階級化によって生まれた人権が、次第にグローバリゼーションによって後進諸国にも普及していけば、こうした人権が革命としてそれらの国でもやがて出現するはずです。

一方、国家のさまざまな規制との争いも存在しました。それは兵役拒否闘争です。ベトナム戦争批判を体現すべく、兵役を拒否する。近代国家がつくりあげた暴力に対する拒否は、反ベトナム戦争の運動の象徴でもありました。これは全人民が一丸となって戦争に参加したベトナム人民とは逆に、きわめて先進国的な闘争であったといえます。

武器の近代化によって圧倒的優位をもった先進国は、もはや徴兵制なども必要としない国家へと変貌《へんぼう》します。ある意味、常備軍のなかった一八世紀以前と同じようにプロの兵士だけでもいい時代が来ます。そうなると兵役拒否闘争はなくなります。むしろ貧しい人間がその役を代行する傭兵《ようへい》の時代が来ます。貧しい国から集めた傭兵でもかまわなくなり、兵役拒否という先進国の人権闘争は勝利をつかみます。

資本の戦争に対する文明化作用

経済の発展が軌道に乗り、資本の国際化が進むことが保証されれば、先進国同士の戦争は原理的にはありえないことになります。民族資本相互の利害ではなく、企業の利害が問題となるかぎり、多国籍企業や資本は戦争を望みません。まさに資本の戦争に対する文明化作用が生じるのです。戦争があるとしたら、開かれた資本主義の世界の外にある世界、いわば資本主義の外部にある世界との関係の中にしかないということです。イラン、イラク、リビア、北朝鮮といった国、あるいは半分資本主義世界に足を踏み入れながら、いまだに民族資本と国家が合体している中国やロシア。これらの地域は、資本主義の半外部として先進資本主義諸国の戦争の対象であり続けます。

とはいえ、こうした状況の変化は、国内において巨大な軍隊を所有することを意味しません。アメリカという資本主義の警察官の国を除けば、基本的には小規模の軍でこと足ります。しかも外交的にも強面《こわおもて》で攻める必要もない。EUではまさに通貨統合、外交政策、軍事が国家を超えたものとして機能し始めたことも確かです。

中産階級の崩壊が生む資本主義社会の危機

しかし、これはあくまでひとつの理論的説明であり、現実の状況をそのまま意味しているわけではありません。何か大きなことが起これば、こうした前提はすぐに崩れ、国家中心主義へと変わる可能性はつねにあります。リーマンショック以後の世界経済は、まさにそのような事態をつくりだしています。世界はグローバル化の中で一時先祖がえりをしているともいってよい状態です。「国益」という言葉がまかり通り、個人は国益のためにこれまでのような自由を主張しえない時代でもあります。それは当然といえば当然で、人権という言葉も私的所有、すなわち経済的利害関係を抜きに語ることができないからです。

リーマンショック以後、これまで中産階級を形成していた人々は仕事を失ったり、所得が下がったりして、土地や財産の減価、さらには将来の保険や年金について不安におののいています。その子供たちはといえば、大学を出ても仕事もなく、正規の仕事もなくなりつつあるのです。こうした中で人権問題もぐらつき始めていることは確かです。人種差別、移民差別は、こうした事態が生み出した新たな危機であることは確かです。先進国ではこうした差別を正当化する政党が次第に票を集めつつあります。

人権の逆説

こうして、人権という問題が逆説的な形ではありますが、再び出現しているわけです。逆説とは何か。世界のあらゆる人々の人権という枠が、移民労働者を増やし、自国の労働者の職場を奪う。これは文明化と差別撤廃という点ではすばらしいことですが、その当事者である先進国の労働者としては我慢がならないというのも事実です。だからこそ、彼らは自らの職場を守るべく、自らの人権を要求し、自らの人権を守るために、人権を踏みにじる世界をつくりあげようとします。

まさにこれは人権と私的所有制度のもたらす根源的矛盾です。こうした人権と私的所有との矛盾をはじめて明確に示したのはマルクスですが、それは私的所有が生産手段の所有を意味するかぎり、生産手段をもたない労働者に私的所有の可能性はなく、したがって人権をもつこともないという指摘です。あるものの私的所有は、一方でその人物の人権を保障するのですが、他人の私的所有を阻止することで、他人の人権を保障できなくなるという矛盾をはらんでいます。

現在は、閉鎖的国内市場によって労働が確保され、それによってその労働者のわずかな私的所有が保障されていた状態が、国内市場の開放によって労働の場が喪失し、労働者はその労働と私的所有を失いつつあるという状態です。閉鎖的国内市場によって労働の場が確保されているかぎり、他国民の人権に寛容であった人々が、それを失うやいなや非寛容になってきたのです。もちろん他国民の人権を保障するといえども、それはあくまで形式的なものにすぎなかったのですが、非寛容になった人々はそうした形式、寛容な考え方すら排斥するようになったのです。

帝国主義を革命と偽る

雇用の不安をもたない教養層や富裕層の人権主義者は、さかんにこうした人々の保守性を批判します。いやそれ以上にグローバル化と人権の拡大を歓迎します。それには当然ながら、富裕層独特の構造があることも間違いありません。

富裕層はグローバル化と人権をダブルスタンダードとして使うことで、かつて帝国主義として疎まれていた政策を堂々と行うことができるからです。アフガニスタン、イラク、そしてリビアで行われた軍事介入は、かつては帝国主義であると厳しく非難されたことでした。いずれも石油などの資源確保、ジオポリティクス*12による覇権の確立であることは間違いないのですが、外交的には独裁者に抑圧された民を救うという美名の中で行われているわけです。しかもこうした人権の確保を、革命とさえ述べるのです。

独裁が崩壊し、人民に主権が移るという事実と、その人民がグローバル化の中でかつての開発独裁*[13]と同じような従属関係に入るという事実は、ある意味平行関係にあります。前者だけ見るとそれは革命、後者を見ると従属という微妙な関係が成り立っているのです。

こうしたことを見ると、革命と一口でいっていることは、詳細に分析しなければなりません。私がここで扱うのは、むしろロシア革命やフランス革命といった正統的革命です。なぜヴィロード革命*[14]やジャスミン革命を革命として扱わないかといえば、それは次節で述べることに起因しています。すなわち、ジャスミン革命などは、いまある社会の先に、実現できそうにもないが実現したいという、本来革命がもたねばならない急進的変革への願望をもたないからです。革命とは実現されることでも、現実的にそうなるようなことをただ実現するようなものではありません。もし、それが革命だとすれば、現実のすべての運動は日々革命だということになります。

革命の本道に帰ろう

トロツキーは『ロシア革命史』の中で、権力掌握だけを問題とする南米諸国の社会運動とロシア革命を一緒にするなと述べています（『ロシア革命史〈5〉』藤井一行訳、岩波文庫、二〇〇一年、二三頁）。

昔から多くの人々は、革命という言葉に、ユートピア的意味、あるいは千年王国論的な意味を込めてきました。可能性がまったくないようなものを実現するという確信のなかに大きな歴史の飛躍があったことは間違いありません。ここ最近の運動は、それぞれの当該の国にとって革命かもしれないが、あらゆる世界にとって革命とはいえないものです。かつて来た道を再現しているともいえるし、また先進資本主義によって踊らされているともいえるのです。

革命とは、現実のすべての世界を未来に向かってブレークスルーするものでなければなりません。となるとやはり、あげるべきはフランス革命、パリ・コミューン、ロシア革命ということになるでしょう。

第二節　未来への希望

希望という確信がある

ドイツの思想家エルンスト・ブロッホは、膨大な書物『希望の原理』（山下肇他訳、全三巻、白水社、一九八二年）の中で、革命というものについてこう書いています。彼の研究の出発点は一六世紀のトマス・ミュンツァーの運動にあるのですが、革命には希望という確信があると。革命とは、ただ現実にあれやこれや存在すると思われるものをひとつひとつ実現することではない。やがて来るものを受動的に実現することでも、そもそもないというのです。革命とその後には、およそつながりのない、ある意味での断絶がある。その断絶を予知し、それを突破することは、そうあることを望む希望でしかない。その希望を実現することが革命だというのです。

エーリッヒ・フロムは『希望の革命』の中で、「希望する人（Homo esperans）」（作田啓一、佐野哲郎訳、紀伊國屋書店、一九七〇年、九八頁）を人間の定義に加えています。人間は、未来に向かって今を乗り越える力をもつ動物だということです。

この希望の原理こそ、キリスト教、さらにはマルクス主義者が求めてきた信仰あるいは階級闘争であるといえます。『旧約聖書』の「ヨブ記」の話を引き出すまでもなく、信仰は神から利益を得るためのものではない。信仰とその恩寵《おんちょう》とはまったく何の関係もないのです。恩寵という利益がないのに、それを信じるということは現代社会では理解できない話ですが、利益と信仰が相関関係にあるとすれば、むしろ逆に信仰は滅びてしまうのです。利益が得られなくなるやいなや、信仰がなくなるからです。

階級闘争は利益に対する闘争ではない

何人も利益のために信仰をしているわけではないのです。信仰はある意味、それだけでは個人に精神的な満足しか与えないがゆえに、利益とは、無関係なものです。信仰の増大は利益の増大につながらないのです。しかも一人が膨大な信仰をもったとしても、それが他の人の信仰の減少を生み出さないのです。一方、物質的利益の方はといえば、あるものの利益は他のものの不利益をもたらしてしまう。だから物質的利益はつねに排他的エゴイズムを生み出すわけです。信仰はエゴイズムと無関係に成り立っています。

それでは階級闘争はどうでしょうか。階級闘争が、物的利益の獲得のための闘争であるかぎり、それはつねに利潤という分け前の平等分配に行き着きます。それは利益のパイが小さいかぎりけっして充足することはありません。では利益のパイを大きくすればいいかというと、パイの増大は新たな欲望を生み出し、平等という概念を破壊してしまいます。まるでイタチごっこのように終わることを知らないのです。かつての賃金闘争と労働組合運動のような場合を考えてみるといいわけです。ある程度賃金が上がると運動は停滞するのです。

では階級闘争の理論は、どのように展開されうるのでしょうか。それは利益に対する闘争ではないという事実を理解しなければなりません。利益ではなく、私的所有によって非人間化された労働者を人間的なものに変える運動でなければならないのです。とすると、彼らの要求することはなにか。それは利益の獲得ではなく、社会を革命することにあります。

しかし、革命とは物質的に見れば、不利益そのものでもありえます。革命のあげく命を失い、家や財産を失うかもしれません。かりに革命に成功したとしてもそれはすぐに崩壊し、すべてを失うかもしれないのです。しかも、新たにできあがった世界において粛清されるかもしれないのです。こうしたものに、なぜ人間が未来をかけられるのでしょうか。

個人主義的な発想からすれば無駄な話であり、だからこそ「革命の時代は遠く去りにけり」だと思われるかもしれません。

自らの敗北と苦悩の後に未来が開ける

平和な日常の中でこれを説明することは難しいことです。革命は自然災害や戦争といった人間世界の大混乱の中から生まれるからです。日常的価値が喪失し、あらゆるものが正当性を失う瞬間に、かすかな未来を示す光が生まれるのです。この光に導かれるともいえます。プロレタリアにのしかかる階級闘争の運命は、それが彼らの利益を実現できないものであるがゆえに、悲壮ですらあります。

モーセ[*15]は、自ら新しい世界に行くことができないのにユダヤ人を救った。キリストもまさにそうです。自らを犠牲にしたキリストは、死をもって人類を救う。新しい社会をつくるものが未来へ行けないということは、皮肉でもなんでもないのです。ある意味、過去の世界の中から出ようとしないものは、未来を切り開く能力に欠けるのです。能力には欠けるが、未来への展望はもつ。だから未来を前にして、そこで佇《たたず》むのですが、しかしそこへ入ることができない。

プロレタリア階級[16]もそうした運命を背負わされているといえます。自らがキリストのように犠牲になり、自らの敗北と苦悩の後に未来が開けるわけです。国家のために命をかけた人々の後に、戦争を知らない子供たちが、平和は当たり前のこととしてそこにあるかのように理解するのと似ています。

マルクスが主《しゅ》と奴隷[17]で理解したことは、まさに主に対して奴隷が労働という点で優位にたっているということだけではありません。地べたに這《は》いつくばらされていることによって、そこから奴隷が抜け出すことは苦痛を伴うということにあります。しかもそれを抜け出ようとすれば、それは死と苦悩となるのです。

神に話しかけられたアブラハム[18]が自らの子供を犠牲にするように試され、しかも彼らの民族はその後奴隷とならなければならなかったように、プロレタリア階級はひたすら未来の解放のために自らを犠牲にしなければならないわけです。

未来への失敗した実験

シモーヌ・ヴェーユは重力と恩寵という言い方をしていますが、それは言い得て妙です。なるほど生きることはその苦しみである重力と闘うことです。つねに自らの利益が実現され、直接未来が切り開かれるという希望がありますが、希望が達成された後には、希望を失ってしまうかもしれないという可能性が生まれます。もし、実現できないほど打ちのめされたり、実現する可能性があまりにも遠いものであったりしたとすればどうでしょうか。それはひたすら落ち続けることでしかない。しかし落ち続けることに希望はないのでしょうか。まさにこれは逆説です。落ち続けるから人々は希望をもつのですから。この逆説を説明すれば、希望は永遠に実現されることはないがゆえに、希望が燦然《さんぜん》と輝くというわけです。

成功しえなかった成功というものがある。人類の歴史の成果は、まさに成功しえなかった実験の上で、未来の可能性を見せてくれたことにあるのです。成功したからといって、それが未来の可能性を示すというわけでもない。成功の光を示す、内容豊かで、魅力ある未来への失敗した実験というものがあるというわけです。

ここでひとつおもしろい話、一七世紀のサバタイ・ツヴィの話を取り上げましょう。彼はユダヤ人の未来を開くべきメッシア（救世主）として出現しました。一五世紀（スペインにおける弾圧、トルケマダ[*19]の大審問）、一七世紀（ロシアにおける弾圧）の厳しい弾圧の時代を経たユダヤ人は、メッシアの出現を願っていました。そんなときサバタイ・ツヴィなる人物がオスマン・トルコ*20で出現したのです。彼こそ真のメッシアだと信じた多くのユダヤ人は、彼のもとにはせ参じました。やがてオスマン・トルコにユダヤ人の未来の王国をつくるべく、オスマン・トルコの首都イスタンブールに行きます。そこで多くの信者を集め、ユダヤ人のメッシアが実現できたかと思えた瞬間、彼はなんとユダヤ教を捨て、イスラム教徒に改宗するのです。これは裏切りなのか、成功のための新たなる戦略なのか。ユダヤ人はうろたえます。最高指導者が寝返ったのですから。

今の失敗は永遠の失敗とはいえない

ここで多くのユダヤ人は、こう解釈したのです。これは裏切りではない。むしろ逆であると。サバタイ・ツヴィがもしユダヤ人のまま、このままトルコにおいて新しい世界をつくろうとすれば、結局彼も彼の運動も撲滅させられるはずである。だからこそ、逆に出たのだと。一旦《いったん》メッシアのツヴィはイスラム教徒になる。そしてメッシア運動への批判を避ける。これは運動を貫き通したイエスと真逆のやり方です。イエスはローマ人に虐殺され、彼の使徒は難を避けるためにばらばらになり、キリスト教の運命は過酷なものになったのです。しかし、こうした過酷な運命は、逆にキリストの受難を体現する人々を少しずつ生み出し、キリスト教世界の力を拡大しました。

なるほど拡大したキリスト教は成功したといえますが、その宗教的価値はどうであったのか。おそらく信徒にとっては、繰り返される宗教会議によって妥協につぐ妥協、本来のキリスト教精神をむしろ異端派にしてしまう宗教となってしまったわけです。こうした失敗をユダヤ人が繰り返さないために、首領であるサバタイ・ツヴィはむしろイスラム教徒になることによって、将来（それはいつかわからないが）訪れるはずのメッシアの可能性と、教義における正統性を残したといえるのです。

しかし、こうした解釈はある種の詭弁《きべん》ではないかという意見もあるでしょう。未来の実現の可能性などあくまでも可能性にすぎない、真実とは実現したもののみをいう、とすればそうした批判は当然です。とはいえ、短い人間の一生の間だけで、ことの真偽を判断することははたして真実だといえるのでしょうか。実際、数世代後に実現したものは数多くあります。そうだとするなら、今実現しないから、それは嘘だとだれがいえるのでしょうか。啓蒙思想[*21]以来、人はあまりにも短い期間に事を判断しようとしています。未来は続くのです。とすると、今は失敗しているといえるし、今後数年間失敗しているといえる事実が、はたして永遠に失敗しているといえるのでしょうか。

革命は過去の遺物ではない

一九八九年秋のベルリンの壁崩壊と、一九九一年夏のソヴィエトの崩壊と比較してみるとおもしろいかもしれません。東欧とソ連がなだれをうって資本主義に寝返ったわけです。まさにこれは資本主義の勝利かもしれません。しかし、歴史という長期の中でそう簡単にいうことはできません。革命とはまさにそうしたものです。革命はすぐには成功しないといえます。一旦崩壊し、捲土重来《けんどちょうらい》を期待する希望こそ革命だといえるかもしれないとすると、まだ社会主義革命は終わっていないことになります。

私が子供のころ、アメリカにケネディ大統領という人物がいました。彼とオバマ大統領が似ているという人がいますが、それはまったく違います。子供であった私ですらケネディの力強さはわかったからです。たとえば彼の死後、東京オリンピックのころだったでしょうか、流行った歌があります（"Let us begin beguine"）。彼の演説にコーラスを加えたものですが、その詩の内容には驚きます。

ケネディはこう語るのです。今こそ人類は宇宙に出かけ、世界中の病気を克服するときであると。しかし、それはあまりにも雄大なことである。だから私が大統領になって一〇〇日、いや一〇〇〇日でも実現するともいえない。いや私が生きているとき、いや人類が生きている時代にもそれが実現できないかもしれない。しかし始めたからにはこれはやり続けねばならない。こういう詩なのです。言葉の意味をそのままとると、これはまったく奇妙です。大統領は任期中に実現すべきことを言えばいい。しかしケネディはそれをはるかに超えて、人類の未来について、実現できないかもしれないが、実現しなければならないことを述べているのです。ある種のレトリックであるとしても、一瞬人々が魅入られてしまう言葉です。これが「ほら」であるか、それともすばらしい演説であるか、簡単には判断できない。まさに革命とはこのようなものです。レーニンが『なにをなすべきか？』で語った希望のようなものです。

人類の短い歴史の中でさえ、現実は何度もひっくりかえっています。歴史を学ぶものならそれはわかります。後から振り返ると、歴史はひとつの流れをとっているように見えるのですが、実は歴史は紆余曲折《うよきょくせつ》、後ろ向きになったりしながら、連綿とつながっているものです。だからこそ、革命についてもそうしたものとして語る必要があるのです。

私がこれから語る革命とは、私たちが生きている時代に実現できるようなものではないかもしれません。ずっと遠い未来のことかもしれません。その意味を知るために、資本主義という歴史を詳細に知らねばなりません。そして、それを超える新しい世界をそこからくみ取らねばなりません。もちろん不幸と絶望をもちたくはありません。むしろ希望と幸福をもちたい。そう考えると再度、フランス革命やロシア革命が果たしたさまざまな実験を考える意味があるといえましょう。これらは過去の遺物ではないのです。おそらく多くの人々が過ぎ去った記念碑としか考えていないであろうがゆえに、私はあえてここにその逆の可能性のために筆をとるつもりです。

＊1　ジャスミン革命　北アフリカの国チュニジアで、二〇一一年一月に起きた革命から始まった一連の革命。失業中に野菜の路上販売をしていた青年が、販売を取り締まる警察に抗議して図った焼身自殺を機に前年末から反政府デモが広がり、これを武力鎮圧するも失敗したベンアリ大統領がサウジアラビアに亡命した。二三年に及ぶ独裁体制が崩壊し、エジプトなど周辺国にも民主化の波が及んだ。

＊2　バスティーユ事件　一七八九年七月一四日、パリの民衆が蜂起してバスティーユの牢獄を占領し、旧体制反対の意志を明らかにした事件。身分制と領主制を廃止し、国民的統一と市民社会の実現を図ることを議会が決定する結果を導いた。この事件を機に、いわゆるフランス革命の方向が定まった。

＊3　マザー・ジョーンズ　Mother Jones　一八？（生誕年に関しては諸説あり）—一九三〇。Mary Harris Jones のこと。労働運動家。アイルランドのコーク州に生まれ、カナダ経由でアメリカへ移住した。一八六七年の伝染病で家族を、七一年のシカゴの大火で家を失う。八〇年からは住居ももたず、労働争議が行われている地域を渡り歩いた。投獄を経験しながら、死の間際まで労働運動を続けた。

＊4　エマ・ゴールドマン　Emma Goldman　一八六九—一九四〇。アメリカの社会運動家で、最初のフェミニストともいわれる。リトアニア生まれで、一八八五年にアメリカに移住後、アナキズム運動に加わり、演説家として頭角を現す。日本で大逆事件が起きたときには日本政府に抗議電報を寄せている。著書に大杉栄とともに虐殺された妻、伊藤野枝の邦訳がある『婦人解放の悲劇』など。

＊5　ブラック・パンサー　一九六六年、アメリカ・カリフォルニア州オークランドで結成された黒人の武装自衛組織。七〇年代にかけ、アメリカにおける黒人民族主義運動・黒人解放闘争を展開した。革命による黒人解放を提唱し、貧困児童への無料の食事配給や治療費が無料の「人民病院」の建設を行った。

＊6　五月革命　一九六八年五月、フランスで学生たちの運動から始まった社会的危機。六〇年代後半、アメリカのベトナム介入に反対する活動が学生中心にあり、全国ベトナム委員会などの組織が生まれていた。そこに、大学の管理強化（フーシェ改革、六七年）への学生の反発が加わり、パリ大学ナンテール校舎の学生ストライキが起き、ベトナム戦争反対、大学変革、現代資本主義批判の闘争がソルボンヌなど各地に波及していった。そして五月、労働者によるゼネストがド・ゴール政権を退陣に追い込んだ。

＊7　文化大革命　一九六六—七六年に展開された中国の思想闘争・権力闘争。資本主義を一部取り入れ近代化を図る劉少奇らの都市部実権派に対し、「自力更生」を推進する毛沢東ら左派が紅衛兵を擁し攻

撃したことで始まる。紅衛兵は「造反有理」を叫んだ。七六年、毛沢東・周恩来の死を機に、江青ら四人組を中心とする文革推進派は断罪され、この闘争は幕を閉じた。

＊8　ベトナム戦争反対闘争　ベトナム戦争の激化に伴い、当事国であるアメリカの学者や知識人、議会の動きなどを発端に始まった、ベトナム戦争に反対する活動・市民運動の総称。アメリカのみならず世界各国で繰り広げられた。日本ではベ平連（ベトナムに平和を！市民連合）などが主導し、北爆反対デモ、反戦の公開討論会、反戦米兵の脱出援助、反戦国際会議の開催などを行った。

＊9　マルクーゼ　Herbert Marcuse　一八九八―一九七九。アメリカの哲学者。ユダヤ系ドイツ人としてドイツに生まれる。ナチスの政権奪取とともに、一九三三年にアメリカに亡命し、一九四〇年に帰化。マルクス主義とフロイト主義を再吟味し、独自の文明論を展開した。著書に『理性と革命』など。

＊10　疎外論　マルクスの著書『経済学・哲学草稿』の中心概念である「疎外」はもともと、自己に固有の本質を自己の外に対象化するあり方を指している。マルクスは四つの疎外をあげる。（1）生産物に対する疎外、（2）生産過程における疎外、（3）人間に対する疎外、（4）人間の類に対する疎外。

＊11　人権宣言　一七八九年八月二六日、フランスの議会が採択した「人および市民の権利の宣言」を指す。思想・言論・信教などの自由、権利の平等、国民主権、私的所有権の絶対などを明らかにし、フランス革命の理念を表した。

＊12　ジオポリティクス　geopolitics　地政学。地理的諸条件を基軸において、一国の政治的発展や膨張を合理化する国家戦略論。スウェーデンの学者チェレンが最初にこの語を用い、第一次大戦後ドイツのK・ハウスホーファーが大成した。ナチスの領土拡張政策の根拠となったが、他に英米系の領土拡張の

根拠をなすものなど、さまざまな地政学が現れた。

＊13　開発独裁　発展途上国において、急速な開発政策を掲げる権威主義的体制で、一九七〇年代からラテンアメリカやアジアに現れた新しい形の独裁政権を指す。福祉や自由の尊重を目指す政策を後回しにし、工業・資源開発・土木・軍事部門に経済資源を優先的に配分することで、国力の底上げを図ろうとする。これらの政権は結局先進国の傀儡政権であった。

＊14　ヴィロード革命　一九八九年一一月、チェコスロヴァキアで起きた政治変動。デモが警官隊に弾圧されたことから、全国に民主化要求運動が広がった。流血なく政権交代と民主化が進んだことから、柔らかなヴィロードにたとえられた。

＊15　モーセ　Moses　『旧約聖書』の中の人物。古代ユダヤ最大の預言者で律法の制定者。ユダヤ民族の出エジプトと荒野の遍歴を指導し、シナイ山で神から十戒を授けられた。神と人間の仲介者、神と「顔と顔を合わせ友のように語った者」とも言われる。

＊16　プロレタリア階級　一般的には労働者階級のこと。資本家階級であるブルジョワ階級に対立する概念で、生産手段をもたず、自分の労働力を売る以外に生活手段をもたない賃金労働者階級。古代ローマで下層貧民を指す proletarius の語に由来する。資本主義社会では、階級はブルジョワ階級とプロレタリア階級に両極分解するといわれる。

＊17　主と奴隷　ヘーゲルの『精神現象学』の「自己意識」の中の概念。奴隷は厳しい労働を強いられるが、しっかりと大地に根付いている。しかし主人は権力をもつがゆえに、大地から切り離されていることで、実は脆い存在であるという意味。

＊18　**アブラハム**　Abraham　ユダヤ人の初代族長。神の声を聴いたことで、彼の民族はユダヤ人となる。故郷カルデアのウルを出てハランに行き、未知の国カナンに移住した。『旧約聖書』「創世紀」に、神への聴従者・争いを執りなす者・度量の大きい人物として描かれる。

＊19　**トルケマダ**　Tomás de Torquemada　一四二〇頃—九八。スペインの初代宗教裁判長で神学者。枢機卿トルケマダ（一三八八—一四六八）の甥。ドミニコ会に入り、セゴビアの修道院長となったあと、全スペインの宗教裁判長となり、多くのユダヤ人の処刑と追放を行った。

＊20　**オスマン・トルコ**　オスマン帝国のこと。中央アジアから移住したトルコ族のオスマンにより、一二九九年に建国されたイスラム国家（—一九二二年）。イランを除く西アジア、北アフリカ、バルカン、黒海北岸およびカフカス南部を支配した。一六世紀のスレイマン一世の治世時に最盛期に達し、法典整備、強制徴用（デウシルメ制）、軍人および官僚層の育成、都市整備など近代的政策が行われたが、のち徐々に衰退に向かった。

＊21　**啓蒙思想**　一七—一八世紀の西欧で、近代市民階層の台頭にともない広く展開された思想運動の総称。市民社会の形成を推進させフランス革命の原動力のひとつとなった。理性の自律が目標とされ、芸術、哲学、政治に革命的な発展をもたらした。フランスのヴォルテール、百科全書派、イギリスのヒューム、ドイツのカント、レッシングらが代表。

第一章　二〇世紀革命論の母

第一節　マルクスの革命観

最初の革命

マルクスが最初に書いた本格的なヘーゲル批判の論文は、「ヘーゲル法哲学批判序説」と「ユダヤ人問題に寄せて」です。これは一八四四年の『独仏年誌』という雑誌に掲載されました。しかしこの論文はユダヤ人問題よりも、そしてヘーゲル批判を行うというよりも、フランス革命をどう見るかという点に力点があります。

二〇世紀の革命論は、マルクスのフランス革命観をめぐる問題にすべて端を発しているといってもいいすぎではないでしょう。新しい世界、すなわち資本主義を超える世界をこの世界に建設するという努力は、フランス革命を教科書として成立しているといえます。時代を歴史的に分け、時代を乗り越えることが革命であるとすれば、フランス革命こそ絶対王政を乗り越えた最初の革命であったというのですから、社会主義革命へと至る源泉をそこに求めようとするのは当然かもしれません。

もっとも、フランス革命に対する革命解釈の歴史が二転、三転していることは間違いありません。マルクスがフランス革命の勉強をし始めた一八四〇年代は、一八三〇年の七月革命の後ということもあり、フランス革命＝ブルジョワ革命説[*1]が次第に流布し始めた時代に位置するといえます。

マルクスがこの論文の中で使っている資料は、ビュシエ[*2]とルー[*3]の編集した『フランス革命議会史』（二八巻、一八三六年）とルヴァスール（ド・ラ・サルト）の『回想録』（第一巻、一八二九年）です。フランス革命に対する急進的な見方は、ナポレオンの敗北以後、保守的な人々によって歴史の片隅に追いやられていましたが、七月革命の成功によって、再び力をもってきます。ルヴァスール（一七四七―一八三四）は革命に参加した人物で、一八三〇年代まで生きていました。

彼は回想録を書くのですが、その内容は基本的にはこうです。フランス革命からずいぶん時がたち、革命の意味を疑う人々がいるが、革命に参加したものとして、とりわけジャコバン体制[*4]がいかに新しい意味をもっていた革命だったかを語りたいということです。

マルクスは、一八四〇年代に「国民公会[*5]」に関する書物を出版する計画をもっていましたが、クロイツナッハ[*6]で結婚した一八四三年ころから、フランス革命に関する歴史を調べていました。彼が熱心に読んだものがこのルヴァスールの『R・ルヴァスール（ド・ラ・

サルト）の回想録』、とりわけ第一巻だったのです。残されたノートに「『R・ルヴァスール回想録』から」（『マルクス＝エンゲルス全集　補巻1』大内兵衞、細川嘉六監訳、大月書店、一九八〇年）というものがあります。そのノートは、大部の本の、とりわけ一七九二年夏のジロンド派とジャコバン派との闘争について焦点を絞っています。

「所有とは何か、それは盗みである」

マルクスはヘーゲルの『法哲学』の国家論に関するノートもとっていますが、そこでマルクスが立ち至った問題点は国家と市民社会の対立でした。国家が市民社会の力をなぜねじ伏せるまでに巨大化したのか、その典型的な例がまさにこの一七九二年の夏、ジャコバン派が巨大な権力をつかむ時期にあったのです。ルヴァスールは、この夏の話をこう語っています。

革命後三年で市民社会による政治権力の奪取、すなわち革命は成功したのだが、結局それは市民の私利私欲を生んだ。ジロンド派は彼らの支持を受け、市民の利益のための政治を行うことで政治的多数派を占めていました。しかし時は急変します。ドイツに集結した王侯貴族を中心とした反革命軍がフランスへ侵攻してきたのです。私的利益を重視すべきか、国家を守るべきかという岐路に立たされます。ロベスピエール*7を中心としたジャコバン派が対抗してくるのはこのころです。

市民社会の私的利益の追求がなぜかくも危機をもたらすのか、国家はそれをいかに克服することができるのか、市民社会と国家との相克の問題がここで明確に語られています。ジャコバン派はやがて狂気の独裁へと進み、画期的な改革を実行に移していきます。これは、もはや市民革命の概念を超えるものであったのです。ロベスピエールの支配下で実行された革命は、市民革命を超克し、社会主義革命を彷彿《ほうふつ》させるものがありました。マルクスが興味をもったのは、それが社会主義革命の先駆だったからではなく、なぜ市民革命では不十分であったのかという問題でした。当然ながら、マルクスは独裁体制を敷いたロベスピエールを礼賛していないのです。むしろ批判しています。

マルクスは、市民社会の問題点として、私的所有を問題にします。一七八九年の革命が高らかに主張したものは人権の保障です。自由、平等、博愛、これらはフランス革命の象徴でした。マルクスはプルードンの『所有とは何か』を読み、その冒頭、人権のなかに私的所有を含ませている点を批判している部分を読みます。マルクスも、私的所有は人権と同じものではないと批判していますが、この発想はプルードンから来たものといえます。

フランスの社会主義者プルードンは、「所有とは何か、それは盗みである」と書き、当時フランスの言論界で物議をかもしていました。教会は彼の書物を教会批判として告訴してもいました。一八四三年一〇月パリに移ったマルクスは、プルードンの思想の激しさにかなり影響を受けていたのです。

新しい社会は金銭欲の社会となった

「ユダヤ人問題に寄せて」の中で問題になっているのは、この私的所有という問題です。マルクス自身ユダヤ教徒の家系の出身ですが、六歳で父親はマルクスをプロテスタントに改宗させていました。とはいえ父方も母方も、ユダヤ教のラビ*8の名門の家系で、父ハインリッヒの兄ザムエルはラビでしたが、その兄が亡くなった後、故郷トリーアのユダヤ人の面倒を何かと見ていたのは、改宗したユダヤ人で弁護士の父であったのです。しかも母は典型的なユダヤ人女性であったことから（ユダヤ人社会では女性がユダヤ人であることが強調されます）、家庭ではユダヤ教教育がしっかりなされたと思われます。

しかし、その元ユダヤ教徒のマルクスは、ある一点に限りユダヤ人社会を批判します。それはユダヤ人の宗教が世俗化し、私的利益の追求が宗教の中心になってしまっているという点でした。それはユダヤ教そのものに対する批判であるよりも、世俗の生活を批判し、精神的生活にすべてをかけたはずのキリスト教徒がユダヤ教徒化し、私的利益に狂奔するようになったことに対する批判でした。謹厳実直で貧しいユダヤ人ラビの家系出身であるマルクスは、同じユダヤ人とはいえ金銭を追求している人々を軽蔑《けいべつ》していたわけです。

さて、キリスト教徒の世俗化をつくりあげたのは、近代国家そのものであり、キリスト教徒はその意味でどんどん世俗化されたユダヤ教徒の信仰に近づいている。フランス革命がつくりあげた世界は、公的領域（政治）への関心よりも、私的領域（私的所有＝金銭欲）への関心をつくりあげてしまいました。フランス革命以後に生まれた新しい社会は、金銭欲の社会となったわけです。人権といった概念は、人々の公的な生活への関心よりも、自らのエゴイスティックな権利を野放しにすることになったのですが、最大の問題は、まさに私的所有の問題にあったわけです。

そこでマルクスはこう批判します。ユダヤ人の解放の背後に潜む、私的領域の解放こそ問題であると。すなわち利己的個人への解放に対する批判です。自由競争と弱肉強食の世界を切り開いたことこそ近代の問題であり、ユダヤ教批判が資本主義批判と同じである場合、マルクスの批判はユダヤ教批判それ自体ではなく、資本主義批判の様相を強めます。

マルクスはヘーゲルの市民社会の意味を、市民社会の私的領域の拡大の中に見ており、それは私的所有の承認であり、人権宣言がその承認を行ったことを批判するわけです。ユダヤ教は、その意味で資本主義の基本形だと考えられています。そして、その資本主義も商業などによる暴利をむさぼる、ヴェーバー的[*9]にいうところの賤民《せんみん》資本主義[*10]であり、本来の産業資本主義ではありません。この段階でマルクスはまだ経済学を学んでいません。この直後の一八四四年四月から経済学の勉強を本格的に始めるのですが、私的所有の概念も実は経済学的なものではありません。

私的所有はブルジョワの暴走を生む

フランス革命が公的領域（国家）を私的領域（市民社会）の解放によって破壊したものだとすれば、遅れたドイツはいまだ公的領域が私的領域を支配している世界ということになります。「ヘーゲル法哲学批判序説」は、まさに遅れたドイツを問題にするヘーゲルについて言及します。

プロイセン国王の支配するドイツは、経済的発展も十分ではなく、いまだ絶対王政の中にある。だから絶対王政が公的領域を支配している。しかし、公的領域は絶対君主のエゴの反映にすぎず、いまだ本来の国家にはなっていないのが現実です。フランス革命の衝撃を受けたヘーゲルは、時代を先回りして、私的領域が拡大した後の国家を理論的には考えています。ドイツという現実ではなく、フランスという社会を受けた現実に来る世界を措定している。だから、市民社会に対する公的領域の規制が明確に描かれているのです。

マルクスは、時代遅れのドイツが思想的にはむしろ進んでいることを認めながら、なおかつ、なぜ国家と市民社会は両立しえないのかという根本的矛盾の中に入っていきます。ヘーゲル的にいえば、国家によって解消される問題が、なにゆえロベスピエールという独裁者を生み出したのか、一方でフランス革命はなにゆえ市民の利己的暴動を生み出したのか、この二つの問題をヘーゲルは十分に解決していない。

だから、マルクスはこう展開します。ドイツの未来として、市民社会の確立による私的所有の世界の発展は必要である。しかし、その後の世界は、市民すなわちブルジョワの暴走を生み出すだけであり、破滅的な世界を生み出す。だから、おのずとブルジョワではない層、すなわち市民社会のあらゆる可能性を奪われた層、すなわちプロレタリア階級こそ破滅的世界を回避し、新しい世界を開けるのだと。マルクスはここで初めてプロレタリアという言葉を使っていますが、生産手段をもたない階級といった経済学的カテゴリーにはなっていません。それは、まだ市民社会から排除された階級という概念にすぎません。

市民の立場と公民の立場

マルクスは、「ユダヤ人問題に寄せて」の中で、人権宣言とフランス憲法について批判します。人権宣言の中にある信仰の自由の問題を取り上げます。信仰がなぜ自由かというと、それが個人的、私的な問題だからであり、人権とはおよそ個人的、私的問題の領域を扱うことであると主張します。だからマルクスはこう述べます。

「人間の権利（droits de l'homme）、人権はこの点において公民の権利（droits du citoyen）、国家市民の権利と異なる。公民（citoyen）と異なる人間（homme）とは誰なのか？　それは市民社会の構成員以上の何ものでもない」（「ユダヤ人問題に寄せて」「ヘーゲル法哲学批判―序説」『新訳 初期マルクス』的場昭弘訳、作品社、二〇一三年、八四頁）

人権は国家や公的領域の問題ではなく、市民としての問題であるというわけです。つまり人間には、市民としての立場と公民としての立場の二つがあることになります。前者は私的領域を問題にする立場、つまりブルジョワ的市民の立場です。後者は社会や国家の領域に関連する市民の立場、すなわちシトワイヤン（公民）の立場です。この二つの分離こそ、マルクスの視点のポイントになります。

利己的権利としての人権

フランス革命が成し遂げたことは、公的市民の権利を私的市民の権利に移し替えることであったとマルクスは述べます。こうして私的市民の権利が、人権という覆いをかぶされて、どんどん一人歩きをするわけです。

「とりわけ、公民権と異なるいわゆる人間の権利、人権は、市民社会の構成員の権利、すなわち利己的人間、人間や共同体から分離した人間の権利以外の何ものでもないという事実をわれわれは確認する」（前掲書、八五頁）

人権とは、利己的な人間の権利だとはっきりと述べます。個人という側面から考えると、個人を規制するさまざまなものから解放されることは結構な話です。しかし、これを社会の方から見ると困った問題になります。利己的な権利と社会の権利との矛盾です。マルクスはある意味単純なことを語っているのですが、フランス革命と人権との関係で語っている点が興味深い。

ここから問題の核心へと進んでいきます。人権とは何かという問題です。一七九三年憲法を引用しながら、こう展開します。


「もっとも急進的な憲法である一七九三年の憲法はこう語る。

『人権と公民権の宣言』。

二条『こうした権利などは（不文律の自然権）、平等（l'égalité）、自由（la liberté）、安全（la sûreté）、所有（la propriété）である』。

自由（liberté）とはどの点にあるか？

六条『自由は、他人の権利を侵さないことすべてを行いうる、人間に固有な力である』、あるいは一七九一年の『人権宣言』によれば、『自由とは、他人を侵害しないことすべてを行うことである』。

したがって自由とは、他人に損害を与えないことすべてを行い、追求する権利である。だれもが他人に損害を与えないで活動できる限界は、二つの畑の境界を垣根の杭で決めるように、法律によって規定される。ここで問題になっているのは、分離した孤独なモナドとしての人間の自由である」（前掲書、八五頁）

一七九三年の憲法は、ロベスピエール治下で作成された急進的な憲法です。その憲法において確認された人権とは、他人に迷惑さえかけなければ何をしてもよいということです。それは人間を社会的なものではなく、徹底して分離した一個の単一の主体、すなわちモナド[*11]とすることだというわけです。人間の社会的連関が寸断され、ばらばらになるのがとりわけ私的所有という概念です。そして私的所有という権利が、いかなるものかをこう語ります。

「自由という人権を実際に応用するのは私的所有という人権である。

私的所有という人権はどの点にあるか？

一六条（『一七九三年の憲法』）『所有（la propriété）権とは、意志にしたがって（à

son gré）その財、その収入、その労働と産業の果実を享受し、処理する、すべての市民に固有の権利である』。

したがって私的所有の人権は、他人と何の関係もなく、社会から独立にその財産を意志にしたがって（à son gré）享受し、処理しうる権利、利己主義の権利である。この個別的自由とその適用が市民社会の基礎を形づくっている。市民社会では、個別的自由によって人間は他人の中に自由の実現ではなく、その制限を見出すのである。市民社会はとりわけ人権を、『意志にしたがって（à son gré）その財、その収入、その労働と産業の果実を享受し、処理する』ことだと宣言する」（前掲書、八五―八六頁）

第二節　フランス革命の自己矛盾

人権は類的本質を破壊する

資本主義によって解放された個人主義の真っ只中にいる私たちは、このマルクスの言葉に当惑するかもしれません。社会から独立に自分のものをどう処理しようと勝手ではないかという感覚からすると、この文章は理解しえません。人間という概念に対する理解がわれわれとまったく違うことを念頭に置くべきでしょう。

マルクスは、人間とは社会的に結びついた動物であると考えています。人間が自然のように、集団として類として結びつけられているという発想です。だから、人権とはこの類的本質を破壊することになるわけです。人権が個人主義的になると、他人は自分にとって重要な存在であるよりも、自分の存在を危機に陥れる恐怖の存在となります。フランス革命がやろうとしたことは、結局、他人が敵であり、頼れるのは自分だけだという世界を実現することだったのです。

豊かなものが、貧しいものに対してなんら同情心をもたず、むしろ財産を取られかねない敵の姿をそこに見るというのは、まさに人間の集団的社会性が分離したことになります。生まれたときからこうした世界に暮らしている私たちには、弱肉強食ともいえる世界は当たり前のようにもみえます。マルクスは、そこに亀裂《きれつ》を入れているわけです。

人権を守るために権力を求める

もちろんこうした私的所有には利己性しかないとすれば、不安でいっぱいになります。いつ泥棒にあうかわからないとすると、泥棒から自分を守る必要があります。それが安全と保障という、次なる人権がでてくる理由です。「盗みを働くものはつかまえる」ということ、これが安全と保障で、それを執行するのが警察です。こうして市民社会は、逆説的にも個人の自由を求めながら、個人の自由を制限する、いわゆる警察社会になってしまうのだと述べます。

「安全という概念があるからといって、市民社会はそのエゴイズムを超えることはない。安全とはむしろそのエゴイズムを保障することだからである」（前掲書、八七頁）

私的所有、保障、安全というのは一組みになった言葉で、私的所有を守るために存在します。しかしこのフレーズはマルクスのオリジナルではありません。引用に関しても、プルードンが『所有とは何か』（一八四〇）で使っているものです。もちろんマルクスが盗作したといっているのではありません。マルクスは自分でフランス憲法に関する書物を買い、そこからきちんと引用しています。着想はプルードンから得ているといえますが、ここから先の展開はプルードンとまったく違っています。

人権宣言やフランス共和国憲法が政治的解放を進めたのに、結果として個人の放任的自由、政治への無関心をつくりあげたのは、きわめて奇妙なことだとマルクスは続けて述べます。少々長い文章ですが、フランス革命の奇妙さ、そしてロベスピエールの問題を考えるときにきわめて重要な意味をもつと思われるので、その部分を引用しておきます。

「したがって、いわゆる人権というものはどれも利己的な個人、市民社会の成員、すなわち、自分自身、私的利益と私的意志に引きこもる、共同体から分離した個人である人間を超えることはないのである。人権においては、人間が類的存在として理解される世界から離れてしまうことで、逆に類的生活それ自体、すなわち社会は、個人の外枠として、個人の本来の自立を制限するものとして現れる。個人がむすびつく唯一のつながりは、自然の必然性、欲求と私的利益、所有と利己的人間の維持である。

まさに自らを解放し、さまざまな人民の枠を壊し、政治的共同体を基礎付けようとするこうした人民が、仲間や共同体から分離した利己的な人間を厳かに宣言する（一七九一年の宣言）のは不思議なことである。さらに、英雄的な献身のみが民族を救い、それが命令的に要求されるそんなとき、市民社会のすべての利益を犠牲にすることが日程にのぼり、エゴイズムが罪として処罰されることが宣言される（一七九三年の人権などの宣言）のは不思議なことである。公民であることが、政治的共同体が、政治的解放者によっていわゆる人権の維持のためのたんなる手段に陥れられ、したがって公民が利己的人間の召使いとなり、人間が構成員として関係する領域が悪化し、最終的に公民としての人間ではなく、ブルジョワとしての人間が本来の、真の人間として捉えられるという事実を見るのは、なおさら不思議なことである」（前掲書、八七頁）

革命の大義名分が小事によって崩壊する

一七九二年から、フランス革命は大きな危機に遭遇します。国内における物価上昇と農民や市民の不満、フランス西部のヴァンデー地方の乱、国外に亡命していた王侯貴族のフランスへの侵攻と、まさに国家存亡の危機が告げられていたときに、皮肉にも利己心の解放が高らかに宣言されるわけです。これはいったいなんということだというのです。

革命が、まさにその情熱を注ぎ込まねばならないときに、利己心をどうするかという問題に足元をすくわれる。まさに革命のもつ皮肉さとでもいうものを、マルクスは見ています。大義名分が、小事によって崩壊する。そうした政治状況こそ、この一七九二年の過程であったというわけです。

私有財産の権利が保障され、利己心があつく保護される一方、手紙を開封する権利が国家に許される法律が生まれ、規制が強化されます。ここでビュシェの革命議会の資料をマルクスは引用します。

「『出版の無限の（indéfinie）自由』（一七九三年の憲法、一二二条）が人権、個人の自由の結果として認められる一方で、出版の自由は完全に否定されるのである。なぜなら、『出版の自由が許されるのは、それが政治的自由と妥協する場合に限るのである』（若きロベスピエール『フランス革命議会史』（ビュシェとルーによる）二八巻、一三五頁）」（前掲書、八八頁）

出版が私的なものであるならば、出版の自由こそ人権そのものなのですが、なんとそのほかの人権が許される中、出版の自由だけが禁止されるわけです。まさにこれは謎です。今後いくどとなく繰り返される、革命の中でいつも生じてくる矛盾がここにすべてある、といってもいいわけです。

人間一般が生まれたことで、政治的空白が生まれた

その矛盾とは、政治的生活と個人的生活の矛盾です。すなわち、個人的生活の保障が政治における安定ということであれば、その政治が危機に陥れば、個人的生活は制限を受けざるをえないという矛盾が出てきます。一方での解放と他方での制限ということになります。

しかし、マルクスはこの問題を簡単に解いてしまいます。後にこれが簡単でないことに気づくのですが、若いマルクス（二五歳）は簡単な図式に放り込んで、解決します。つまり、フランス革命は、それまでにあった身分制社会を覆したものであったので、身分制社会を覆す過程で身分をこなごなにし、人間一般、すなわち個人としてばらばらになった人間をつくりだすしかなかったというのです。そうして生まれた人間一般とはブルジョワ的、利己的人間一般というものです。その人間一般をつくりだしたために、国家と人間一般が直接対立することとなり、その間にあったもろもろの媒体がなくなってしまったわけです。

封建制社会は、まさに人間一般が存在せず、人間がもろもろの身分であることで、国家権力との媒体を形成していました。それは政治と社会を結びつけていたのですが、新しい

社会では利己的人間一般は、政治に無関心な階級として成立したため、政治、すなわち国家に大きな空白が生まれたのです。この空白の中で、きわめて政治的な特殊な人物が出現した。それが独裁者ロベスピエールだったということです。

人間一般が生まれたことによって、そこに政治的空白が生まれたのです。このことで、市民生活は二重になってしまいます。利己的生活としての市民社会と、公的生活としての市民社会の二重の生活です。前者はひたすら金儲《かねもう》けに走る社会、後者は公的業務をつかさどる社会です。いいかえれば前者は現実、後者は理念です。

これはユダヤ教の社会とよく似ているというわけです。マルクスによると、ユダヤ教は現実の生活を宗教にまで高めたことで、理念をどんどん形骸《けいがい》化させていきます。日常生活のさまざまな宗教的規則を守ることが宗教であるならば、それさえ守っていれば何をしてもよい。一方キリスト教は、逆に現実の生活を拒否し、宗教的理念を先行させたことで、その理念が理性となり、理論をつくっていったというのです。現実はそれを基準として生きることになります。しかし、ユダヤ教は現実が理論を崩壊させることになる。だからフランス革命によって生まれた社会は、ユダヤ教的社会になったというのです。

資本主義社会の巧妙なトリック

フランス革命は、まさに現実が理論を超えてしまう危機を自らつくりだしてしまったわけです。それが革命後の政治的空白を生み出したというわけです。ここで出現するのが、人権における自由です。所有の自由、信仰の自由、ますます拡大していく個人的自由の問題です。この自由こそ革命の核心だったのです。

この説明はいいところをついています。マルクスを批判する立場の人々も、フランス革命解釈においては、ここまではほぼ一致しているからです。ただ、マルクスはこの自由という革命の核心がそれ自体矛盾をはらむものであったと指摘した点で違っています。そして問題は、その矛盾に対するマルクスの解決方法です。解決方法については、マルクスを批判する人はまったく認めません。

なぜならマルクスを批判する人々は、個人的自由こそ革命そのものであり、国家であろうと、公的権利であろうと、そうした公権力を排除することこそ革命そのものであったと述べるからです。たとえそこに矛盾があろうとも、それこそ大きな成果だと主張するのです。

しかし、マルクスはむしろ個人的自由の問題が引き起こす国家、公的権力との断絶の問題をこそ、重要視しているわけです。人間一般の解放がなぜ利己的個人の解放にだけ進むのか、なぜ政治的、公的権利への関心を人々に植え付けないのか。まさにこのことこそ、近代社会、すなわち資本主義社会の巧妙なトリックだと考えるのです。個人的自由で満足すること、それ以上には関心をもたないことこそ進歩である、という意識を植え付けることに革命の主要点があるならば、革命は一七八九年で完成している。しかし、それでは現実社会が利己心の闘争、ホッブズ[*12]のいうような万人の万人に対する闘争と化してしまいます。

第三節　社会的解放とは何か

政治的解放が政治への無関心へと進む

人間が利己的闘争に進むことが現実であれば、政治的な人間になるという理想や理念はおのずと崩壊します。そこでは政治はもはやロベスピエールのような人間に委《ゆだ》ねられ、市民社会は一方での完成と、他方での崩壊へと進みます。革命の中でなぜ独裁が起こったのか。なぜ公的理念がロベスピエールのような人間に委ねられねばならなかったのか。その問題が、すべてここにあるわけです。

だからこうした独裁者の出現を阻止するには、国家、公的権利を、利己的なばらばらな個人にまかせてはいけないということになります。しかし、実際は政治に関心を持たないことで、市民は国家のたんなる一部にならざるをえないわけです。ではどうしてそこから飛び出すか、それには利己的個人を飛び越え、類的人間にならねばならないわけです。類的人間社会とは、お互い競争することなく、敵となるのではなく、お互いが仲間として、お互いが助け合う人間になる社会のことです。

「現実の個人が抽象的国家市民を自らの中にとりもどし、その経験的生活の中、その個人的労働の中、その個人的関係の中にある個人として、類的存在となったときはじめて、人間がその『固有の力』を社会の力として知り、かつ組織し、したがって社会的力がもはや政治的力の形態をして自らを分離しなくなったときはじめて、人間の解放は完成されたことになるのである」（前掲書、九一頁）

難しい表現ですが、マルクスは社会的な力、すなわち人間が現実社会で生きていくとともに、そのまま政治的にも関与する姿を求めます。人間がお互いに助け合いながら生きていけば、それはおのずと人間相互の協力が政治を動かす。そうなると独裁者は出てこないし、利己的な精神も出てこない。まさにフランス革命はそこまでいくべきであったのですが、ロベスピエールを生み出すことで、こうした解決にはいたりませんでした。結局利己的個人が政治に無関心になったことで、国家利益という名のもとにせっかく築きあげたものが崩壊していったわけです。しかし、あくまでもその原因はロベスピエールの恐怖政治にあったのではなく、革命それ自体の中にあったということです。

政治的解放でなく社会的解放が必要だ

その意味でマルクスは政治的解放を批判します。政治的解放とは、政治への無関心をつくる解放であり、それはまた利己的個人生活だけを保障するものであるからです。ここでマルクスは、政治的解放から社会的解放へと進みます。

社会的解放とは、利己的にばらばらになった個人をもう一度類的人間としてまとめあげること。すなわち、一度個々人になった人間を再び集合的人間に変えることです。いいかえれば、私的所有といった排他的世界を捨て、集団的所有という世界へいたることですが、経済学を勉強していないマルクスは、そのあたりについてなんら積極的で具体的な発言ができていません。

なぜ経済学の勉強が必要かといえば、私的所有がつくりあげている社会のメカニズムを知る必要があるからです。「ユダヤ人問題に寄せて」と「ヘーゲル法哲学批判序説」を執筆したすぐ後、マルクスは経済学の勉強に取り掛かるのですが、経済学ノートと並行して書かれた『経済学・哲学草稿』の中で、古典派経済学が私的所有を前提にしていることから起こる問題を疎外という形で展開します。生産物に対する疎外、生産手段に対する疎外、類に対する疎外、人間の人間に対する疎外として、私的所有制度の中では、人間が敵対し、反目し合う結果、類的社会が実現できないことを経済学的側面から理解していきます。

その根本的な問題は、私的所有よりも、そこから生まれる資本主義社会の価値法則*13の方にあったのですが、マルクスはまだそれに気づいていません。やがて価値法則とは何かという問題に本格的に入っていくのですが、そこにそれまで彼の私的所有批判の理論的先駆者だったプルードンの経済学からの脱皮の可能性がありました。

プルードンを超える

私的所有がなぜ人権を構成しているのか。その問題についての批判は、マルクスではなくプルードンからのものであったのですが、マルクスはやがて経済学を研究していくなかで、プルードンの考えを乗り越えていきます。それが古典派経済学研究でした。

プルードンは、資本主義社会の経済体系を不完全なものであると批判します。私的所有制度が確立していることで、労働力に対して不完全な支払いが行われていると述べます。労働者は労働力を売って賃金を得るのですが、ここに私的所有によるきわめて大きな不完全さがあるといいます。すなわち、労働は個人的な所有を構成していない。労働は一人の行為ではなく、集合的な行為であり、集合的な労働に対して賃金が支払われねばならない。しかし、現実には集合的な労働に対して一人ひとりに賃金が支払われている。集合労働力がつくりだした価値を、その集合的労働に参加した個人が個別的賃金として得ている、そこに大きな問題があるといいます。集合労働力がつくりだしたものと、個人が得る個別的労賃の差額が利潤となり、それを資本家は獲得しているのだといいます。

これは素朴な剰余価値説*14ですが、この理論の最大の弱点は、価値とは何かという点が十分論議されていないということです。なにが商品の価値を構成しているのかが明確ではないのです。直感的にはプルードンのいっていることはすぐにわかります。分業によって生産力が増大しているのであるから、賃金はたんなる個人の労働の総和ではなく、分業の生産力に照応した額でなければならないということです。しかし、これは経済学的な説明にはなっていません。

これは、経済学では不等価交換*[15]と言われているもので、資本主義ではなるほど労働だけでなく、商品の交換も日々不等価交換に見えます。需要と供給によって価格が決定されるとすれば、ひとつの商品が価値どおりに売れるわけではないことはわかります。だからだれでも、市場で取引される商品を見れば、きちんと等価交換されていないことに気づく。となると、労働のみならず商品もすべて不等価交換であることがわかります。資本主義社会、すなわち私的所有制度の社会では、いつも不等価交換が生じているわけです。

不等価交換ではなく、等価交換にするべきだとすると、どうなるか。それを実現するには、需給のアンバランスに委ねてはだめで、買い手と売り手が相互にきちんと相談して価格を決定するべきだということになります。プルードンはそれを構成された価値といって表現するのですが、構成された価値を実現するには、お互いが意見（opinion）を出し合って、うまく調整すればいいということになります。調整は売り買いのところでなされるのですが、しかし実際には生産者は市場の変動の前に生産価格という形で市場の動向をあらかじめ反映させて価格を設定しています。確かに個々の商品は生産価格を下まわることがあっても、全体は生産価格どおりになるように設定しています。そうでなければ、価格は日々偶然に支配され、不安定になってしまいます。

だから古典派経済学は、当然ながら生産価格を前提にし、その構成を固定資本、流動資本という言い方で説明してきました。労働力は流動資本であるわけです。マルクスはこうした生産価格を前提にして、つまり生産物をあらかじめ構成する価値を前提にして、理論を組み立てていき、結局生産において不等価交換が存在するのは、労働力商品だけだという結論に達します。ほかの生産手段である固定資本、原料や燃料といった流動資本は、価値を形成していかず、ただたんに移転するだけだと述べます。そしてマルクス独特の概念、労働力の価値は可変資本、それ以外の生産手段の価値は不変資本という言い方をします。

そして資本主義社会は現実の姿は別として、基本的には価値どおりの交換がなされている社会であると前提します。資本主義は不等価交換の社会ではない。プルードンは現実の資本主義社会は不等価交換の社会であるので矛盾が起こるといいます。そしてその矛盾を解決するために、資本主義を等価交換の社会にすればいいという結論に達する。これをやるにはお互いの利益が対立しないよう、できれば最初に前提にしていた私的所有制度を破壊しておいた方がいいのですが、プルードンは私的所有を泥棒だといっておきながら、その泥棒を泥棒でないようなシステムにする努力ができるという点で、資本主義、さらには私的所有制度を積極的に肯定することになっていきます。

しかしマルクスは、私的所有制度こそ商品生産社会の根源であり、資本主義の矛盾の根源であり、これは議論し合ってなんとかなるものではないと考えます。

ここで二人はまったく違った観点から資本主義社会を見ます。プルードンは、いつのまにかフランス革命の人権宣言にあった私的所有という概念を積極的に肯定し、マルクスは徹底的に批判することになります。

ここでマルクスはプルードンの所有論を超えたといえます。しかしまさにマルクスのこうした論理展開に対して、批判がでてくるのです。

＊1　ブルジョワ革命説　フランス革命を階級闘争の歴史と捉え、アンシャン・レジーム（旧体制）下で権力を握っていた貴族に代わって、新しくブルジョワ階級が権力を握ったとみる、マルクス主義的な歴

史叙述。またそのような考え方。

＊2　ビュシェ　Philippe Joseph Benjamin Buchez　一七九六―一八六五。サン＝シモン主義者。復古王政下にカルボナリをはじめ多くの秘密結社に参加し、七月革命後は「ヨーロッパ人」紙で空想的社会主義とカトリック教が融合した独自の改革理論を展開した。友人のルーとともに『フランス革命議会史』を刊行し、二月革命後は一時立憲議会議長を務めた。

＊3　ルー　Pierre-Clestin Roux-Lavergne　一八〇二―七四。フランスの政治家、歴史学者。一八四八年の憲法制定議会のメンバーで、ビュシェの友人。『フランス革命議会史』を刊行。

＊4　ジャコバン体制　Jacobin　フランス革命期の国民公会における左翼議員グループを山岳派（ジャコバン派）という。山岳派は議員グループだが、ジャコバン派は議会外のジャコバン・クラブという団体のメンバーを指すため、厳密には別個。一七九三年以降は、ジャコバン・クラブは山岳派を支持し、その基盤となったので表裏一体ではある。山岳派もブルジョワジーを代表しているが、革命遂行には民衆や農民と同盟することが不可避と考え、民衆運動の圧力を用いてジロンド派を追放した。

＊5　国民公会　Convention Nationale　フランス革命期に、立法議会にかわって開かれた議会。普通選挙によって一七九二年に成立。共和制を宣言し、ルイ一六世を処刑。ジロンド派とジャコバン派の抗争、ジャコバン派独裁による恐怖政治とテルミドールの反動を経て、一七九五年、総裁政府を設立して解散。

＊6　クロイツナッハ　Kreuznach　ドイツ連邦共和国のラインラント＝プファルツ州バート・クロイツナッハ郡にある市で、この郡の郡庁所在地。ライン川の支流、ナーエ川沿いに位置する。

＊7　ロベスピエール　Maximilien François Marie Isidore de Robespierre　一七五八―九四。フランス革

命の指導者。ジャコバン派に加入、指導者となる。一七九三年に国民公会からジロンド派を追放し、ジャコバン派独裁体制をとる。ジロンド派のみならず、自派の左派のエベール、右派のダントンらも粛清して恐怖政治を敷き、支持を失って「テルミドール九日」のクーデターで失脚し、処刑された。

＊8　ラビ　ユダヤ教の聖職者。ラビは聖書と口伝律法の注解者で無報酬であり、ユダヤ教徒コミュニティの精神的指導者、またはシナゴーグ（会堂）の説教者である。

＊9　ヴェーバー　Max Weber　一八六四―一九二〇。ドイツの社会学者・経済学者。経済学、社会学、政治学、宗教史などきわめて広範囲で卓越した業績を残している。近代合理主義の普遍的意義がどのように生成したかを明らかにした。また、現実のもつ文化意義を批判的に解明しようとした。著書に『プロテスタンティズムの倫理と資本主義の精神』『職業としての政治』『支配の社会学』など多数。

＊10　賤民資本主義　ヴェーバーが「前期的資本」について説明するために用いた概念。最下層の民衆（賤民）を食い物にして暴利をむさぼる投資家による資本主義がこう呼ばれた。投資家自身によっても、利潤追求は倫理的に悪だと考えられた。

＊11　モナド　単子。ギリシア語のモナス monas（単位、一なるもの）に由来し、宇宙を構成する形而上学的な単純実体。ライプニッツは主著『モナドロジー』で、モナドは意識的あるいは無意識的知覚をもつ魂に似たものだが、モナド相互は他から独立していると説いた。

＊12　ホッブズ　Thomas Hobbes　一五八八―一六七九。イギリスの哲学者・政治思想家。著書『リヴァイアサン』で知られる。自然状態では人間は利己心のまま行動するため「万人の万人に対する闘い」となり、理性をもって自然権の一部を放棄し、契約を結び、人々を代表するひとつの意志に従うべきだ

と主張した。

＊13　価値法則　商品生産社会において、商品の価値を決定する経済法則であり、その法則は資本主義社会では、生産と消費すべてに貫徹するといわれる。

＊14　剰余価値説　労働力の使用価値と労働力の価値との差額が資本家の利潤（剰余価値）を生む、という考え方。資本家の利潤は、労働者に対する不払い労働（剰余労働）から生まれるというもので、これが労働者階級と資本家階級との対立を尖鋭化させる。

＊15　不等価交換　資本主義社会では、すべての商品は原則として等価で交換される。しかし商品を構成する要素（労賃、機械、原料など）が、等価で交換されるとすれば、利潤は生まれない。労働は、労賃を超える部分を不等価で交換されると考えられている。

第二章　現実肯定主義からの革命批判

第一節　異なる二つの革命の見方

マルクスとトックヴィル

マルクスは、すでに「ユダヤ人問題に寄せて」の中で、アレクシス・ド・トックヴィルに言及しています。とりわけ引用している部分はトックヴィルではなく、その友人のボーモン*1の著作です。ボーモンとトックヴィルは大の親友であり、二人はそろってアメリカ旅行をしています。そしてトックヴィルが『アメリカの民主政治』を出版し、ボーモンが『マリーあるいは合衆国の奴隷制』を出版しています。トックヴィルは、ボーモンの著作を自分の著作とほぼ一対のものだと述べています。

マルクスは宗教というものがアメリカでは差別の対象にならないという点に力点を置いて、ボーモンの著作を引用しています。マルクスは、次に『聖家族』という著作でトックヴィルの刑務所問題について言及しますが、彼の革命観には言及していません。その理由はある意味当然です。トックヴィルの『旧体制と大革命』は遺作であり、マルクスの目に触れることがなかったからです。とはいえ、『アメリカの民主政治』を読んでも、トックヴィルの意見は理解できたはずです。それは自由こそ革命の信念だというものでした。

今につながるトックヴィルの革命観

トックヴィルの革命観を理解するには、二点をまず認識しておかねばなりません。第一は、近代がもたらした自由に彼は力点を置いているということ。第二は、革命はすでにフランス革命以前に進んでいて、それは結果にしかすぎなかったという彼の視点です。この二つの視点は、フュレに代表されるフランス革命修正主義[*2]と、アーレントに代表される政治革命という概念につながっていきます。そしてこれらの見解は、一九六八年の五月革命以後、新自由主義の台頭とともに徐々に支配的になってくる考えです。

まずトックヴィルはこう述べます。

「おそらくフランス革命ほど強力で急激な、破壊的で創造的な革命は、かつてなかっただろう。にもかかわらず、フランス革命からまったく新しいフランス国民が生まれ、それ以前にまったく存在しなかった基礎の上に大建造物を築いた、と信じることは大変な思い違いとなろう。フランス大革命は多数の副次的・二義的な事柄を生み出したが、主要な事柄の萌芽を発育させただけである。こうした事柄は大革命以前に存在していた。大革命が大きな原因となって事が始まったというよりも、大革命はその原因がもたらした諸結果を整理し、体系化し、合法化したのである」（アレクシス・ド・トクヴィル『旧体制と大革命』小山勉訳、ちくま学芸文庫、一九九八年、七二頁）

フランス革命は、すでに起こっていた革命の結果を示しただけにすぎないというわけです。これは、フランスでは革命が一八世紀の絶対王政下で始まっていたということを意味します。

フランスでは革命以前に農民の土地の私有化が始まり、それがフランス人の市民意識、自由意識を高め、市民社会を制御するために、国家による中央集権が始まっていたわけです。王を補佐する国王顧問会議が地方を統制し、事実上、行政権は下級の官吏、すなわち市民の手に移っていたと彼は述べます。中央集権と官僚化こそフランス革命であるとすれば、それはすでに革命以前からあったというわけです。

自由こそ革命の本義

当然フランス革命を一連の絶対王政の延長線上、すなわち市民による行政管理の成立という点におけば、フランス革命は、革命以前にスタートしていたことになります。しかし、これではロベスピエールのような革命を大きく変化させる動きが説明されません。もっともトックヴィルにとっては、ロベスピエールは革命のあだ花であり、そもそも眼中には入ってこないわけです。彼にとって革命が果たしたものは、国民が市民社会として機能するための、中央集権的官僚機構の形成だったということになります。そのための最大の成果は、市民がばらばらになり、個人的自由を得ることだったということです。革命とは自由の権利の獲得にあり、それ以上のものでも、それ以下のものでもないわけです。なぜなら、そうすることで、政治の運用はほぼ官僚に委《ゆだ》ねざるをえなくなるからです。国民が政治に無関心でも官僚さえしっかりしていれば、国家はうまくいくということです。

次の文章はまさにそんな彼の視点をあらわしています。

「権力への期待が貧者に閉ざされている国よりも、むしろ国家統治への道が開かれている国のほうが、貧者をつねに政治から遠ざけておくことが容易である。いつの日か自分もこの想像上の偉大さに到達する可能性があるという考えは、つねに貧者自身と

現実の貧困状況との間をとりもってくれるからである」(前掲書、三七頁)

マルクスは政治的解放の結果、市民がばらばらの個人となり、利己的生活の方へ関心が向かうことで政治への関心が減ったと批判的に述べました。その部分を、トックヴィルは逆に肯定的に解釈しています。自由が与えられたことでかえって政治への関心が薄らいだのだが、逆にそれは可能性の道、すなわちいつか自分も偉い人物になれるのだという幻想を市民に与えることで、満足感をつくりだしたのだと。

とりわけ、貧しいものたちにとっては、現実の貧困よりも、未来の豊かさへの夢が重要だと考えるトックヴィルの考えは、マルクスとはまったく違っています。夢でパンが買えないとしても、夢で苦しみを麻痺《まひ》させることができるわけです。

極端な不平等は避けねばならない

とはいえ、不平等が広まることは結局不満をもたらします。そこでこう述べます。

「それゆえ、民主主義の政治を実現しようとする諸国民にとっての関心は、国民のなかに財産の極度の不平等が存在しないこと、同時にとくにこの不平等が不動産に及ばないことなのである」（前掲書、四七―四八頁）

適度の不平等はいいのだが、極端な不平等は人々の怒りに火をつけることになる、だから極端な不平等にならないように配慮すべきであるというのです。とりわけ重要なことは不平等が不動産に及ぶと人々の怒りは増大するといいます。

これだけのことが守られれば、後は市民社会の自由がすべてを処理してくれるというわけです。自由な市民社会は高貴な人間をつくるというのです。

「これに対して、自由だけがこの種の社会に特有な悪習を有効に克服し、それがもたらす堕落を阻止することができる。（中略）ただ自由だけが、市民を拝金主義と私事という日々の煩瑣から解放して、彼らの上に、また彼らのかたわらに、祖国があることをつねに認識させ意識させることができるのである。ただ自由だけが、物質的幸福への欲求をいっそう活力ある高貴な欲求に変え、願望に富の取得以上に偉大な目的を与え、人間の悪徳と美徳を識別し判断する知識を創出するのである」（前掲書、八九

頁）

自由をめぐる二人の立場の違い

トックヴィルは、自由が利己的個人の拝金主義から身を守ってくれるというのですが、マルクスはまったく逆で、利己的個人の拝金主義はますます加速化するばかりであると考えています。マルクスは自由がもたらす弊害、もっといえば私有財産の自由がもたらす弊害が、政治への無関心、公的領域への無関心をつくりだすと考えます。だから、そこを解決しなければいけないと考えるのです。一方トックヴィルは逆に、自由が人間に気品をつくりだし、それが利己的個人に歯止めをかけ、公的領域への配慮ももつ人間をつくりだすと考えます。

貴族であるトックヴィルのもつノーブル・オブリジ的観念と、平民出身のマルクスの貧困への憎悪といえばいえるのですが、この二人は発想においてまったく違うのです。

この二人の発想の違いこそ、フランス革命をめぐる二つの対立する考えとなります。

トックヴィルにとって、革命はバスティーユの一七八九年であり、国民公会につながる一七九二年ではありません。マルクスにとって革命は、一七八九年ではなく、一七九二年にある。この違いは、自由をめぐる二人の立場の違いによって明確になります。マルクスは、自由は不平等による混乱をもたらし、それが一七九二年を生み出したと考えます。しかし、トックヴィルにとっては、自由を阻止する復古的人間が突然出現したのが一七九二年だということになります。

「大革命には明らかに異なる二つの段階があったからである。第一段階は、フランス人が過去を全面的に破壊しようとしているようにみえる時期である。第二段階は、フランス人が過去に残していたものの一部分を復活させようとした時期である」（前掲書、八三頁）

拝金主義に対する批判のないトックヴィル

つまり、一七九二年は革命からの退歩だったというわけです。革命は急進化したのではなく、革命は退歩した。マルクスとはまったく違った考えがここにあります。なぜそうした退歩が起こったのかと問います。

「第一に、どのような出来事、失策、見込み違いによって、フランス人たちが大革命初期に抱いていた目的を放棄するにいたり、自由を忘れて、もはや現世の支配者のもと等しく隷従者になることだけを望んだのか。第二に、大革命の転覆した政府以上に強力な絶対的政府が、どのようにして全権力を再び掌握・集中化して、高価な犠牲で獲得した自由のすべてを圧殺し、形骸化したのか。第三に、この政府はなぜ、説明も協議も選出もできない選挙人の投票を人民主権などと呼び、また、討議の行われない隷従的な議会の同意を課税の自由票決などと呼ぶのか。最後に、政府は、こうして国民から自治能力と権利の主要な保障、それに一七八九年の収穫のうちで最も貴重・高貴なものであった思想・言論・著述の自由を奪いながらも、なぜまだ自由という偉大な名前で身を飾るのか」（前掲書、八四―八五頁）

マルクスは後に、『フランスにおける階級闘争』において、フランス革命は次第に急進化していったが、一八四八年の二月革命はその逆にどんどん昔にもどっていったという言い方をしています。これとまったく同じ立場をトックヴィルはとっています。

革命がどんどん退歩したのはなぜかという問題を立て、革命によって得た尊い自由という考えを捨てていったのは、いったいなぜだろうかと考えます。トックヴィルは一七九二年にいたる自由な利己的精神が生み出したもの、すなわち拝金主義といった問題に対する批判がもともとありません。物価上昇と暴利をむさぼる商人たちが、貧しい農民や市民の怒りを買ったことにはまったく関心をもちません。なぜ自由が失われたのか、という政治の問題にのみ見解を集中させています。

国民公会の意義

一方、マルクスは当時革命に参加したルヴァスール*3の『回想録』を使いながら、物価騰貴による国内の混乱という問題に関心をもちながら、利己的市民社会がもたらした悲惨さを指摘します。先に述べた遅塚は、パリ郊外のドリヴィエ*4という人物に焦点を絞り、ドリヴィエがロベスピエールに農村における地主の横暴を訴えたことを問題にしながら、革命は商人や地主によって台無しになっていったのだという実証研究を行っています。こうした視点を欠けば、なるほどトックヴィルのように、せっかく得た自由を捨てたのは復古主義の影響であろうと考えざるをえません。

この問題をめぐって、ハンナ・アーレントとフランソワ・フュレを取り上げてみましょう。この二人の議論はトックヴィルに近い。逆に言えば、アーレントとフュレがトックヴィルを復活させたといっていいかもしれません。

第二節　アーレントの革命観

政治の問題を掘り下げていないというマルクス批判

アーレントは、マルクスの見解をこう批判していきます。

「いずれにせよ、フランス革命が自由の創設に失敗したのは、それが社会問題の解決に失敗したためであると青年マルクスが確信するにいたったことは疑いない。ここから彼は、自由と貧困は両立しないと結論した。革命の事業にたいする彼のきわめて爆発的で、実際きわめて独創的な貢献は次の点にある。すなわち、彼は、大衆の貧困を政治的観点から解釈し、それはただパンや健康を求める蜂起をもたらすだけでなく、自由を求める蜂起をも必然的にもたらすだろうと考えたのである。いいかえると青年マルクスがフランス革命から学んだのは、貧困は第一級の政治的力になりうるという

ことであった」（ハンナ・アレント『革命について』志水速雄訳、ちくま学芸文庫、一九九五年、九三―九四頁）

マルクスは、フランス革命を社会革命だと考えたというわけです。社会革命とは、現実の社会生活における革命、とりわけ胃の腑《ふ》の欲望をもたらす革命で、それはやがて政治革命を導き、社会革命から政治革命への道を切り開くだろうとマルクスは考えたのです。第一章で述べたように、この解釈は間違ってはいません。

自由が利己的個人をつくれば、金儲《かねもう》けに忙しくなり、政治がおろそかになる。だから、社会革命を行い、貧困をなくすことで、政治革命を行う必要がある。貧困が政治的力になりうるということは、まさにマルクスの核心といってもいい部分です。

しかし、アーレントはそこからこう続けます。

「政治的には、この（著者注・科学の）発展によってマルクスは実際に自由を棄て必然性に屈服したのである」（前掲書、九八頁）

マルクスは政治の問題を深く掘り下げることをせず、経済、すなわち社会問題に関心を向けすぎた。だから、政治を経済の必然的発展の延長線に還元したのだと。そうなると、貧困は社会革命を生み出し、それは必然的に政治革命を生み出し、人々の政治参加が始まるということになります。しかし、実際には利己的な精神を貧民層が持ち続けるなら、平等という美名を通じた利己的闘争が出現する可能性がある。政治学はまさにその問題を議論するわけです。マルクスはそこまで進んでいないということになります。

ここに、マルクスの分析の甘さがあるといえばあります。しかし、自由が政治的無関心をつくりだし、独裁者を呼び出す。それを克服するために社会革命が必要となる。その社会革命が結果として政治への関心を取り戻し、独裁者を葬りさるだろうという青年マルクスの希望には、やはり捨てがたいものがあります。

自由を評価する点ではマルクスも負けてはいません。ただ、自由がむしろ独裁をもたらしてしまうという逆説にマルクスは悩んでいるわけです。アーレントはこの悩みについて触れず、平等という社会革命が政治革命をもたらすことなどないと決め付けることで、政治革命のあれやこれやの分類主義に陥ってしまっているような気がします。なるほど社会革命では政治革命は起こらない。そうだとすると、独裁をどうするのかという問題提起をしなければならないのに、それをしていないのです。トックヴィルは復古主義だと一笑に付しました。

権力構造の問題に還元されるアーレント

アーレントは、マルクスが社会という一九世紀の概念を、政治という一八世紀の概念に強引に応用していると批判するだけです。

「すべての革命の起源は社会的なものであるという十九世紀の偏見は、依然として十八世紀の理論や経験にはまったく欠けていたのである」(前掲書、一〇一頁)

一八世紀が社会的でなかったなどということは、一八世紀に出現した共産主義者バブーフ[*5]やモルリ[*6]などの思想から見てもおかしなことですが、とりあえずそれが正しいとしてみると、一八世紀の革命は絶対王政の束縛から脱出することであったということになります。そこでは、人間社会の現実的生活の問題など、ほとんど考慮されていなかった。だから農民や貧民の苦しみなど後読みにすぎないということになります。日本の飛鳥時代に利己心の闘争を読みこんでも意味がないように、フランス革命に貧民の闘争を読み込んでもしょうがない。それはそうです。

資本主義が発展していないとすれば、階級闘争を読み込むことなど土台意味がないわけです。それはマルクス自身がよく知っていることです。しかし、一八世紀にはすでにトックヴィルも認めているように資本主義がそれなりに発展していた。だから革命が起こった。そうすると、きわめて社会的な資本主義の問題が、フランス革命に読み込めないはずはない。はるか昔の飛鳥時代に応用するというのとはわけが違うのです。

しかしアーレントは経済的、社会的視点を拒否し、政治的様相だけを取り上げます。トックヴィルと同様、なぜ独裁を生み出したのかという点の非経済的構造、すなわち政治的構造だけを問題にするために、すべては権力構造の問題に還元されてしまっています。

ここにはナチス体制を体験したアーレントの全体主義に対する嫌悪の視点があります。それはそれで認めねばなりませんが、それではナチスもソ連も、政治構造の形式だけからみて全体主義だという視点へ還元されざるをえなくなります。次に問題にするフランソワ・フュレは、まさにそういう論理の最高形態といってもいいのですが、アーレントはきわめて冷静に政治権力の問題を分析しています。

社会革命によって解放された貧民がいったい何を政治的にしたのか、それは怒り狂った民衆の暴徒しかつくりださなかったではないかという形で展開していきます。

「この力が解きはなたれて、すべての人がむき出しの欲求と利害だけが偽善のないものであると確信したとき、不幸な人びと《マルルー》は激怒する人びと《アンラジェ》に変わった。実際、怒りだけが、不運が行動的となる唯一の形式だからである。こうして、偽善の仮面がはぎとられ、苦悩がさらけだされたあとで、現われたのは徳ではなく怒りであった」（前掲書、一六三頁）

貧困の怒りは、徳を生み出しえない。暴徒となって略奪へと進むだけである。ことの状態だけをみれば、あらゆる抵抗運動や革命はこうした形式をとっています。まさに血なまぐさい闘争です。血なまぐさい闘争を経ないのは、抑圧がほかに転化されているからなのですが、抑圧されている絶望的社会ではほかに転化しようがないので暴徒と化す。しかし、暴動が悪いといえば、革命など起こらないともいえます。革命はきれい事ではないはずです。

ロベスピエールを批判するアーレント

こうしてアーレントは、なぜ革命がロベスピエールを生み出したのかという問題の回答を出します。それは、政治が社会化したからだというのです。もっと普通の言葉で語れば、政治が徳のある人間の討議的議論によって行われるのではなく、荒れ狂った徳のない貧民の激烈な怒りによって行われたからだと。いわば憎しみのルサンチマン（怨念《おんねん》）が爆発したことで、革命は、破壊と略奪に変わったというのです。

「フランス革命は、自由の創設から、苦悩からの人間の解放へとその方向を変えたとき、忍耐の障壁を打ち壊し、そのかわり、いわば不運と悲惨の破壊力を解放したのであった」（前掲書、一六五頁）

こうした考えからすれば、社会的革命を私的所有批判から遂行しようとしたマルクスの試みは行き過ぎだったということになります。政治的関心がむしろ利己心による徳の高まりから生まれるとすれば、利己心、すなわちその前提である私的所有を批判した世界から、政治的関心は生まれないことになります。だから、アーレントは、マルクスよりもプルードンを評価します。プルードンは私的所有を批判はしたが、それを廃棄しようとしなかったとむしろ評価するのです（前掲書、九五頁参照）。

しかし、ロベスピエールの意味はそれだけでしょうか。民衆、そして国家を救おうとしたという概念は成立しないのでしょうか。マルクスはロベスピエールの独裁を認めてはいませんが、ロベスピエールが社会問題と政治問題を解決するために必要だったということは認めています。もちろんそれ以外の可能性を求めていました。十分に社会革命が行われたならば、ロベスピエールなど必要ではなかったと考えているのです。

アーレントはそれもまったく認めません。反革命、ヴァンデーの乱[*7]の反逆者への残酷さについては、反フランス革命の人々から持ち上げられる議論ですが、なるほど革命軍がロワール川にヴァンデーの捕虜をつぎつぎに落として溺死《できし》させたりしたことは確かです。これは残酷きわまりないことですが、そうした行為以外に何をなしたのかも議論しないと、革命的行為の意味は見えなくなってしまいます。

第三節　フュレの革命観

歴史修正主義は現実肯定主義から生まれた

フランソワ・フュレは、フランス革命修正主義を唱えた人物です。元ばりばりの共産党員で、やがて徹底した反共主義者に転向します。それ以降、ソヴィエト・ロシアへの批判を繰り返します。ここでは、彼のフランス革命史全体の研究ではなく、マルクスのフランス革命観に言及したものだけにとどめます。

フュレは、マルクスの思想の弱点をこう抉《えぐ》り出します。マルクスは民主主義社会の理想と現実の相克を問題にしていたが、トックヴィルが民主主義社会はそもそも幻想であり、その幻想にこそ意味があると考えたのに、マルクスはその幻想を批判したと指摘します。

「マルクスは民主主義を幻想や欺瞞といった概念とは別の概念によって捉えることができず、また、同時代にトクヴィルが理解していたこと、すなわち、民主主義の幻想こそがまさに民主主義の真実にほかならないということを見抜くことができなかっ

た」（フランソワ・フュレ『マルクスとフランス革命』今村仁司、今村真介訳、法政大学出版局、二〇〇八年、四〇頁）

これは若いマルクスの正義感が、大人のトックヴィルの人生哲学にまで及ばなかったということかもしれません。まさにマルクスは青い青年そのものです。確かに、理想と現実の中で、現実のもつ意味をしっかりと理解できるようになることが、年の功というものです。マルクスは理想を追いすぎている。

しかし、これは若さだけのせいでしょうか。そうではありません。それにはスピノザ[*8]が、徹底して理論的な世界を前提にし、現実的な側面を拒否し、理論の現実化を意図したのと同じような鬼気迫るものがあることも確かです。若さというよりも、マルクスのユダヤ人的気質というべきかもしれません。

トックヴィルは、アメリカに関する研究においても、フランス革命に関する研究においても、いつも現実のなかで不完全なものをできるだけ完全にしようという、いわば現実主義の立場をとっています。一方マルクスは、不完全なものを完全にするということよりも、不完全なものは完全にはならない。だとすれば、最初から抜本的に完全なものをつくらねばならないという考えです。

ベルリンの壁の崩壊、ソ連崩壊以後、マルクスへの批判が一般化していきます。資本主義一人勝ちのなかで、理想は吹き飛ばされ、次第に現実肯定主義が一般化しました。そのひとつの表れが歴史修正主義というものですが、それはポストモダン[*9]という表現、洗練された資本主義という表現、フラット化[*10]する資本主義などといった表現などをとって拡大していきます。本当に資本主義しか可能性はないのでしょうか。フュレもアーレントも、そしてトックヴィルも、まさにこうした流れの中で（当人の意図とは別に）うまく利用されてきたといえないのでしょうか。

ヘーゲル左派の早とちり

フュレはマルクスのフランス革命観をこう考えます。そもそもマルクスは、フランス革命を前にしたドイツ人として、大きなコンプレックスに陥ったのだ。フランス革命を経なかったというドイツ人のコンプレックスを受け、遅れた国にいるというコンプレックスから、皮肉なことにフランス革命を超える思想をつくりだすという状況に立ち至ったというのです。

現実的には劣っているが、理念的には進んでいるという意識は、きわめて屈折したコンプレックスを反映しています。ヘーゲル左派[*11]の妙な自信を支えていたのがこうした意識だったことは間違いありません。

フュレは、こうしたコンプレックスによってマルクスのフランス革命への視点が曇ったと考えます。フランス革命は、たんに自由を求める革命で終わるのではなく、自由を乗り越えたところにある、社会革命と政治革命によってつくりあげられる第二の革命によって完成するという発想は、彼らのコンプレックスの裏返しだったというわけです。

「その第一は、ドイツの立ち遅れという強迫観念である。マルクスは、自国の歴史が実践的には存在しないも同然という、フランス革命の普遍的な輝きによって際だたせられた事態をいつか払拭したいという情熱を、すべてのドイツ知識人たちと共有している」（前掲書、五―六頁）

ドイツにおける革命を切望するあまり、フランス革命でできあがった自由と、それによる新しい政治的関心を無視した。むしろ、自由とそこから生まれる不平等、それによる新しい革命意識をくみ取ることで、フランスを理念的に超えることができるわけです。ロベスピエールの革命にそうした世界を見たとすれば、それはマルクスの思い込み以外のなにものでもないというのです。

マルクスがこうした革命観をもつにいたったそのきっかけは、シレジアの織布工の一揆[*12]だったとフュレは考えます。一八四四年六月に起こったこの蜂起《ほうき》は、新しい革命への可能性をつくりだしたというのです。当時パリで発行されていた、パリのドイツ人亡命者向けの新聞『フォアヴェルツ！』の編集に参加していたマルクスは、この問題に関心をもちました。同じころ、プロイセン国王に対する暗殺未遂事件があり、マルクスの故郷トリーアでは何万人もの人々がデモのように行進する聖衣巡礼[*13]の真っ最中で、一揆《いっき》、暗殺、デモといったものがすべてこの年にそろっていたことは間違いありません。

そこからフュレは、マルクスの後進国革命への意識が高まったと指摘しています。

「マルクスはそこに、フランス流の政治革命をドイツ流の社会革命によって乗り越える可能性を見て取ったのである」（前掲書、九頁）

しかしこうした見方は、マルクスのこじつけであるというのです。もっとも、マルクスはシレジア織布工の一揆、プロイセン国王暗殺未遂事件に直面しても、それほど狂喜乱舞したわけではありません。一八四四年のマルクスが歴史を見誤ったというフュレの批判は、パリのマルクスを少々分析すればわかることで、反証にすら値しません。当時のマルクスはまだ革命的なマルクスになりつつあるところで、労働運動や社会運動に対して一定の距離をおいていました。だから、すぐに革命だと考えるような集団にはまだ属していなかったのです。

「マルクスはそこでシレジア織工の蜂起を、ひろくドイツ・プロレタリアート一般の歴史的潜在力を示す事例として引きあいに出すことで、ドイツ知識人の実存的問題を『解決する』からである。またさらに、彼がそこで、一種の修辞的手品を披露してみせるからである。マルクスは、それを近代の哲学的思弁に最初に持ち込んだものたちの一人であり、それは筋道だった論証よりもむしろ有無を言わせぬ詭弁に通じるところがある」（前掲書、一〇頁）

乱暴な議論をするフュレ

筋道だった説明をしていないのはむしろフュレの方です。シレジア織布工の一揆は、けっしてドイツの革命への始まりではなく、たんなる一事象にすぎません。そもそもこの一揆の主体は、労働者というよりは下請けの織物業者に近い人々で、近代的プロレタリアなどではまったくありませんでした。軍を動員した強引なやり方に対して職人が怒ったというのが事実で、マルクスもそのことをしっかりと理解していました。だからこんな問題でドイツの可能性を云々《うんぬん》するようなことをマルクスが考えるはずもありません。フュレの方が強引に証明を展開しています。

フュレの分析は、なるほどブルーノ・バウアー[*14]のようなヘーゲル左派には当てはまるかもしれません。なぜなら、彼らは近代的資本主義が生み出したプロレタリアートと職人との違いについて、あまり理解していない人たちだからです。真正社会主義[*15]といわれる人々は、早々とフランスの社会主義・共産主義を理論レベルの低い思想だと判断し、真の社会主義・共産主義はヘーゲル[*16]哲学の洗礼を受けたヘーゲル左派にしか可能性はないと述べていました。

マルクスは、『ドイツ・イデオロギー』の中で、こうした真正社会主義をおろかな社会主義だと一笑に付しているのです。フランスの社会主義・共産主義の奥の深さを知っていたのはマルクスでした。

独裁国家を礼賛していたという嘘

だからフュレの次の分析は、牽強付会《けんきょうふかい》としかいいようがありません。

「ヘーゲル的国家は、市民社会を包摂すると同時に乗り越える一個の全体性である。それは、自由主義的国家とは何の関係もない。自由主義的国家は市民社会の産物であり、市民社会の諸々の『権利』をたんに保証するものでしかないからである。こうした意味的な混乱のアイロニーは、この混乱をヘーゲル哲学のなかに事後的に持ち込んだのが、マルクス主義的批判であったという点にある」（前掲書、一七頁）

フュレはマルクスの書物をよく読んだことがないとしかいいようがありません。もちろん若いころの共産党員だったフュレならこうは読まなかったでしょうが、少なくとも晩年になって、マルクス批判を展開するときのフュレは、若いころの理解を嫌悪によって、牽強付会に理解するようになったとしか思えません。

マルクスは何も自由を批判し、ロベスピエール的独裁を賞賛しているのではありません。むしろ逆で、独裁を批判さえしているのです。なぜ政治革命は市民の無関心を呼び出し、ロベスピエールという独裁者を生み出したのか。そういった角度で批判しています。その理由として社会革命の不徹底をあげていることは確かです。社会革命を徹底することにより、政治革命が実現し、ロベスピエールを乗り越える、真の民主主義的世界が実現するという主張であり、マルクスはその限りにおいて一度としてロベスピエールの独裁を肯定していないのです。あえてそれを認めている部分があるとすれば、永久革命の始まりとして、です。しかし、それは永久に革命していくこととなり、ロベスピエールの独裁は崩壊していくはずです。

マルクスがいうように社会革命と政治革命によって簡単に政治的関心が生まれ、真の民主主義に達したかどうかはわかりません。しかし、マルクスはロベスピエールのような独裁者を礼賛していたというのはまったく根拠のない嘘です。

第四節　三者の共通理解

自由を求める階級以下の抑圧された階級の声

こう考えるとトックヴィル、アーレント、フュレのトリオのフランス革命理解は、ある共通性に立っていることに気がつきます。その共通の理解とは、フランス革命は自由の革命であったということ、そしてその自由の革命こそ革命の本質であり、自由という言葉によって、人々はあらゆる可能性をもつことができたということです。フランス革命は、平等になどそもそも関心をもっていなかったという点です。

自由は人々に勇気と品位を与え、たとえ貧しくとも豊かでも、つねに未来への希望を持ち続けることで、人々は品位ある、節度ある生活を送ることができる。フランス革命はその意味では成功していた革命で、なぜそれが失敗したのかといえば、ロベスピエールを中心とした復古派、権力主義者が出現し、それまでの善意をことごとく破壊してしまったからであるというわけです。

一七八九年の革命より先の革命を議論する人間は、初めから革命の意味を誤解している。

革命は一七八九年に始まり、そこで終わったのだ。革命がその後急進的になっていったとしても、それは革命の本質を悪くすることはあれども、けっして良くするためのものではなかったというわけです。

だから革命の研究は一七八九年まででよく、それ以上、一七九二年にまで革命の意味を問うていくことは邪道そのものであるといいます。しかし、実際におもしろいのは一七九二年の革命の急進化であることも間違いありません。一七九二年以後の国民公会の歴史を除くと、革命のおもしろさは半減します。しかしトックヴィルも、アーレントも、フュレもそれでいいのだというのです。

私はこうした見解にはまったく賛成できません。言い方は悪いのですが、マルクスの歴史観を否定しようとするあまり、それが昂《こう》じて資本主義を永遠のものと考えるようになったのではないかという気さえします。それは言いすぎだとしても、自由の革命、政治的革命、官僚制的社会の出現、中央集権的世界の確立、これらをあまりにも大きな出来事として扱いすぎているという気がします。

革命は、自由に対する上からの規制へと進むだけではありません。むしろもっと下からの、つまり市民にすらなりえない階級からの革命としても出現します。だからロベスピエールの独裁の問題が否定されたからといって、下からの革命が政治的革命、すなわち自由の実現によって終わったわけではありません。自由といわれるものの不徹底、自由を求める階級以下の抑圧された階級の声は、そうしたもっと爆発的、カーニヴァル的な革命として出現する。そうした革命について言及すれば、自由を求めるフランス革命の声だけでは何も終わっていないということが理解できます。

次に、一八四八年革命からパリ・コミューンに至る下からの革命をみることで、ロシア革命に至る社会革命、そして政治革命の可能性を見ていくことにします。

＊1　ボーモン　Gustave de Beaumont　一八〇二―六六。フランスの司法官。トックヴィルの親友で、アメリカ旅行を共にした。

＊2　フランス革命修正主義　F・フュレ（一九二七―九七）に代表される、フランス革命に対する考え方。フランス革命をブルジョワ革命とは見なさず、アンシャン・レジームですでに進行していた社会の変容（官僚化と中央集権化）が必然的に革命を生んだとする、トックヴィルの革命観に拠った新しい解釈を示した。

＊3　ルヴァスール　Levasseur de la Sarthe　一七四七—一八三四。フランス革命に参加し、著作『R・ルヴァスール（ド・ラ・サルト）の回想録』（一八二九年、全四巻）を残した。

＊4　ドリヴィエ　Pierre Dolivier　一七四六—一八？（没年不明）。フランス革命期の民衆運動の理論的リーダー。平等主義的な社会改革論者。富の不平等是正や土地所有権の制限など、貧しい民衆の要求を訴えるため議会に提出した請願書がロベスピエールに影響を与えた。のちに『本源的正義論』（一七九三年）を著わし、バブーフともつながりをもった。

＊5　バブーフ　François Noël Babeuf　一七六〇—九七。フランスの社会思想家で政治家。貧しい幼年時代を送り、フランス革命時はソンムの行政官、パリおよび共和国の食糧委員会の役人だった。一時逮捕されるが釈放後に筆名で機関紙を出版する。再び逮捕されるが、出獄後に秘密結社「平等者協会」を結成し、暴力による革命をめざす。しかし決行前日に逮捕され、翌年処刑された。

＊6　モルリ　Etienne-Gabriel Morelly　一七一七—一七？（没年不明）。『自然の法典』（一七五五年）、『バジリアード』の作者。神聖基本法をつくり、共同所有を主張し、私有財産制を批判した。資本主義が発展する以前のこうした共産主義的考えは、ユートピア思想といわれている。

＊7　ヴァンデーの乱　一七九三—九五。フランス革命の際、ヴァンデー県を中心に起こった西部の王党派農民によるゲリラ的反乱。革命の激化にともない、ブルターニュ、アンジュー、ボアトゥーのカトリック教徒の農民が革命への敵意を募らせ、九三年二月の「三〇万徴兵令」を機に蜂起した。この反乱は、革命を守るという口実の恐怖政治樹立を促した。

＊8　スピノザ　Baruch (Benedictus) de Spinoza　一六三二—七七。オランダの哲学者。デカルト、ラ

イプニッツと並ぶ一七世紀を代表する形而上学者。あらゆる存在を唯一の実体である神の様態とする一元論、汎神論の立場から展開した。スピノザのいう神は、人格神ではなく「自然」であるため、死後も唯物論者、無神論者とされた。ドイツ観念論やロマン派へ強大な影響を与える。主著は『エチカ』。

＊9　ポストモダン　人間の理性に無限の可能性があることを示そうとした近代思想がはらむ矛盾を乗り越えようとして生まれた考え方。戦争や大量虐殺、全体主義、貧困、差別など、近代社会が生んだ問題を批判的に捉える現代思想全般を指すとも言える。

＊10　フラット化　トーマス・フリードマン（一九五三―）の著書『フラット化する世界』の刊行（原著初版二〇〇五年）を機に広まった概念。ＩＴ技術の飛躍的向上や中国・インドの経済成長により世界経済が一体化し、同等な条件下で競争する時代がくる一方、知識やアイデアの共有により、あらゆる場所でイノベーションが起きる新時代を意味する。

＊11　ヘーゲル左派　ヘーゲルの死後に分裂したヘーゲル学派のひとつ。形成のきっかけは、ヘーゲルのキリスト教論への批判であった。急進的な考え方を持ち合わせていたことから、ヘーゲル左派と呼ばれる。青年ヘーゲル派とも呼ばれる。マルクスはその仲間であった。

＊12　シレジアの織布工の一揆　一八四四年六月、プロイセン王国のシレジア州で起こった織布工の大規模暴動。当地では伝統的に封建領主と問屋の支配下で麻織物業が営まれていたが、一八三〇―四〇年代、イギリスからの廉価な繊維製品の流入や国内機械制生産の発達により、賃料が極限まで切り下げられた多くの織布工が窮境に陥り、蜂起に至った。ドイツ最初の労働者による蜂起として大きな反響を呼んだ。

＊13　聖衣巡礼　イエスがまとったとされる衣服（聖衣）を信仰する人々による、巡礼の旅。聖遺物信仰

のひとつの形。ドイツ最古の聖堂といわれるトリーア大聖堂には聖衣を納めた柩があり、ヨーロッパ各地から巡礼者が集まった。

＊14　ブルーノ・バウアー　Bruno Bauer　一八〇九―八二。ドイツの神学者・哲学者・歴史家。ヘーゲル右派から左派に転じ、無神論の立場を取る。過激な聖書批判により、大学も追われた。主著に『ヨハネ福音史批判』。

＊15　真正社会主義　一八四〇年代のドイツで急速に広まった社会主義思想で、四八年の革命以降に衰退した。封建社会が資本主義社会に転換する時期に必然的に生まれる知識人層の動揺が、その現実的基盤であった。頭のなかで考えられた理想的社会を実現する点で現実の社会主義とややズレていた。

＊16　ヘーゲル　Georg Wilhelm Friedrich Hegel　一七七〇―一八三一。ドイツの哲学者。ドイツ観念論の大成者。論理学、自然哲学、精神哲学の三部門から成る哲学体系を構築。自然、歴史、精神の全世界を運動・変化し続ける弁証法的発展の過程としてとらえる。主著に『精神現象学』『大論理学』『歴史哲学』など。

第三章　新しい暴力、無政府運動

第一節　中央と周辺、搾取と収奪の位置関係

中央集権と国家

フランス革命が政治権力をめぐる政治と自由の問題として、国家権力を収奪するものとして展開したとすれば、パリ・コミューンにいたる過程は、国家解体を含む無政府的運動が登場する時代であるといってもいいでしょう。その象徴がパリ・コミューンです。文字通りコミューンという言葉に代表されるように、国家ではなく地域の自治を求める運動として、そして国家を解体し、上下の権力と非権力という対立ではなく、横の連合として権力を解体することで直接民主主義を実現する、という運動として展開されます。

なぜこうした方向へ革命がずれていったのかという問題から検討しなければなりません。一九七〇年代から八〇年代に日本でも議論された、従属論と不均等発展[*1]という議論があります。その理論の代表的人物は、フランク[*2]とアミン[*3]ですが、この議論を検討することでひとつの道筋が見えてくると思われます。

従属論は、一八世紀の自由貿易論から話が始まります。重商主義的発展は、ある意味非

近代的発展だといえます。それはなぜかといえば、スペインやポルトガルの行った植民地政策は、経済的というよりは経済外的なものだったからです。自国の富を増大させるために、経済的等価交換による（たとえそれが見せ掛けでも）収奪ではなく、軍隊を使った暴力的収奪、すなわち不等価交換を行うことが、一七世紀までの方法でした。重商主義は経済学の外にあるといってもいい概念ですが、中央の宗主国と周辺の植民地が経済よりも暴力的収奪で結びついているわけです。

近代的なシステムは、こうした暴力的収奪システムをソフィスティケートされた経済関係に変化させるものでした。一八世紀からイギリスで始まったスミスやリカード[*4]の経済学という学問の目的は、政治的システムを経済システムに変革することだったわけです。

商業の自由、交換の自由が、富を増大させる。もちろん国家による権力や法がなければ、それは実現できないのですが、それを前提としつつも、自由な経済取引によって国富が増すというのが、古典派経済学の思想でした。商業社会＝市民社会という議論は、豊かさは国家権力、すなわち絶対王政がもたらすのではなく、市民の日々の経済行動がもたらすという発想です。だから国富を担っているのは市民階級だから、国家権力も当然担うべきだというのがイギリスの名誉革命やフランス革命の原因のひとつだったわけです。

暴力的収奪から合法的収奪へ

しかしこうした先進国における市民社会論は、とりわけ外部においては植民地を自国の生産性の高さによって合法的に収奪することでもあります。その収奪は殴る蹴《け》るといった暴力ではなく、生産性にあります。たとえばリカードの有名な比較生産費説[*5]という概念があります。これは、それぞれの国がその国でもっとも得意な生産分野を発展させ、相互に交換すれば、二つの国はともに繁栄するといったものです。今では自由貿易論者が必ずといっていいほど持ち出す議論です。

この具体的例はイギリスとポルトガルです。イギリスが工業製品を売る、ポルトガルがワインなど農業生産物を売る。イギリスではワインができない。ポルトガルは工業が発展していない。お互いに得意なものに特化することで、お互いが利益を得るというものですが、結果はどうなったかといえば、イギリスの一人勝ちでした。工業生産は生産性が高くなるが、農業は簡単には生産性が高くなりません。資本主義的大規模農業でもやらないかぎり、農業は工業に勝てません。イギリスはやがて圧倒的な力でポルトガルワインを崩壊させ、半植民地にしていきます。

賃労働者として従属するしかない人々

同じことは、一九世紀の産業革命以後の労働者と資本家（市民）との関係にもいえます。生産手段をもった資本家は、労働者を雇用します。労働者には労働力以外に売るものがない。資本家の方は、労働力はもたないが生産手段がある。まさにお互いにもちつもたれつの等価交換に見えます。労働者は労働力を提供して、労賃を得る。資本家はその代わりに利潤を得る。こうしてともに共存繁栄する。市民社会のモデルはまさにそんなところにあります。

しかし実際には、この関係は平等ではありません。労働者は労働力以外に売るものがないという点で、それ以外に売るものがなかったポルトガルのワイン同様、逃げ道をふさがれています。一方資本家は生産手段しかないのではなく、富を潤沢にもっている。だから交渉は労働者に不利になります。結局、労働者は賃労働者として従属するしかありません。

もし従属しないとすれば、ほかの労働者がその職を奪います。また、自分の資本家から不等価交換で搾取された分、よその国の労働者、あるいはよその企業の労働者から収奪する方法が残されています。だから、たとえある企業で搾取されていたとしても、その労働者が貧しいというわけではありません。実際一九六〇年代から一九九〇年代までに起こった日本の労働者の中産階級化は、こうした国家を超えた労働者相互の収奪から起こったといってもいいのです。

中央と半周辺、周辺は国内にも適用される

一八世紀に起こった自由貿易は、それまで暴力的な意味で収奪されてきた植民地を、経済的な意味で収奪する植民地にしていきます。その意味でこれらの植民地は、国家として独立しているか、していないかなど直接には関係がありません。安い労働力、原料、穀物を供出する周辺部であることは間違いないのです。こうして収奪の頂点にいる中央、そしてその間にある半周辺、その周りにある周辺といったモデルが一八世紀にはだいたいできていました。

このモデルは、フランス、イギリスといった先進国以外の国家や地域といったものにけっして止《とど》まりません。イギリスやフランスの国家内部においても、そのモデルは同様に適用されます。それは都市と農村、中央と地方という関係において表れます。マンチェスターなどの近代工業都市は、周辺部に始まります。農村から過剰な人口を吸収することで次

第に大都市になっていきますが、これはそれまでの都市ではありません。

それまでの都市は、権利においてまったく違っていました。農村地域を支配する領主は都市へ入ることはできません。都市には自治権がありました。都市を支配していたのはギルドを形成していた旧ブルジョワ層でしたが、新興の新ブルジョワ層は、農村地域に工場をつくることで次第に都市をのっとっていきます。フランス革命とは、まさに新ブルジョワ層が都市を収奪し、旧ブルジョワ層を蹴散らすものであったことは間違いありません。

こうして都市は新興ブルジョワ層によって支配されていきます。次にブルジョワ階級は、都市に住む労働者を郊外へと追いやっていく政策をとります。都市ブルジョワ層による都市改造です。その典型がルイ・ナポレオン統治下[*6]でのオースマン[*7]の都市改造ですが、この改造はパリ市の中心に住んでいた労働者を郊外に移転させ、都市部に交差する大きな道路、そして都市を循環する大通りをつくることでした。こうしてパリは、町の中心に住んでいた労働者が都市の周辺部、郊外へと移転させられることで、完全にブルジョワ層の都市となるわけです。

それは都市だけでなく、中央のパリと地方都市との関係においてもいえます。フランス革命は王侯貴族がもっていた財産を没収し、パリに大きな図書館、博物館を建設しますが、それは地方からの収奪品でもありました。華麗なパリの演出は、地方都市の文化的衰退でもあったのです。こうして権力に近い位置にいるパリの都市ブルジョワと、そこから離れている農民、労働者という位置関係、さらにパリから離れている地方、そしてその宗主国たるフランスから離れている半周辺、さらには周辺という放射線状の位置関係が成立していきます。

こうした布置は、搾取と収奪の位置関係でもあります。所得の格差はこの位置関係によって決まってくるわけです。資本主義は不均等な発展を基準にして資本を蓄積していきます。都市と郊外、中央と地方、宗主国と周辺、半周辺という関係は、そのまま安い労働力を使った資本蓄積になります。暴力的収奪ではなく、きわめて合理的な収奪です。生産性、もっといえば能力の差が生み出す収奪として見えますので、文句のいいようがないということです。

第二節　一八四八年革命とパリ・コミューン

上昇する可能性を持つ人々と下に留まる人々

一八四八年革命は、このような布置関係の確立への序章でした。もちろん一八四八年革命は、民主的政治を求める人々と、さらにそれ以上の急進的な民主主義を求める人々によって行われた革命ですが、マルクスが『フランスにおける階級闘争』でいうように、この革命はフランス革命とは逆にどんどん保守化していったのです。

言い方をかえれば、革命というよりも、資本主義的発展を洗練していくための新たな出発点であったかのような様相を呈します。政治革命としては帝政によって失敗しました。社会革命としても普通選挙などの権利を得ることができず、貧困層を救う計画も実現されませんでした。

しかし、資本主義的な発展は一気に進みました。都市改造はまさにそのためのインフラ整備でした。都市を王政都市から、近代的ビジネス都市にする。都市改造と鉄道建設といった公共事業は、資本主義における国家の役割を明確にします。国家が公共事業によって民間資本を収奪し、未来社会を収奪するという、現代の資本主義で一般的に行われている制度が確立されていくのもこの時期です。国家は戦争を行い、スエズ運河などの海外投資も行うことで証券市場は潤い、バブルに乗じた人々はあぶく銭を獲得します。一方で民衆の方も、海外から入る利潤によって少しずつ生活は改善されていくわけです。帝国主義時代ともいわれる時期へ突入し、恐慌が起ころうと、革命的危機など起こらなくなっていきます。その理由は国民を二つに分けたからです。それはプロレタリア階級とブルジョワ階級といった二つの階級ではなく、むしろ上に上昇する可能性を持つ人々と、下に留まる人々の二つでした。

プロレタリア階級の中での下級中産階級[*8]の出現は、プロレタリア階級に大きな亀裂《きれつ》を生み出します。プロレタリア階級に留まるもの、さらにはそこから外れているルンペン・プロレタリア階級[*9]と農民階級は中央の富に与《あずか》ることなく、貧困にあえぎますが、少なくとも中央都市、パリやロンドンでは華やかな生活が繰り広げられ、帝国都市としての栄光に満ちあふれることになります。

一八七一年のパリ・コミューンは、まさにこうした中央集権に対する革命であったといってもいいかもしれません。フランス大革命が、中央集権の為政者を絶対王政からブルジョワ階級[*10]に変えたものであるとすれば、パリ・コミューンは中央集権そのものへのマニフェストだったといえます。

問題になっているのは、中央集権の権力そのもの、国家の権威そのもの、都市ブルジョワ階級の支配そのものであり、抗議をしているのは農民、ルンペン・プロレタリア階級、

プロレタリア階級、大資本から排除されたプチブル階級[*11]です。それはパリの下町から、パリの郊外から、農村地域から、いわば大都市の周辺部から起こっています。

一八七〇年に起こった普仏戦争は、いわば近代的ブルジョワ社会の限界点を示すものでした。フランスはクリミア戦争に始まり、あちこちで戦争を繰り返したことで、工業生産を増大させ、領土を拡大し、賠償金をせしめてきたわけです。これは大資本にとっても好都合で、経済成長はまさにこうした国家の行動によって起こってきました。

経済成長は一方で労働の強化や官僚の権力増大を生み、一部の人々による政治の独占をつくりだします。一八六〇年代から、それに対する不満がもれ始めます。

一八七〇年、ルイ・ナポレオンはプロイセンと戦争を開始しますが、すぐにプロイセン軍の捕虜となり、九月四日に共和国が宣言されます。これによってルイ・ナポレオンによる二〇年以上の支配体制は終わるのですが、戦争は継続します。戦争はフランスにとって不利に展開していきます。共和国はプロイセンと平和条約を結ぼうと画策しますが、各地で不満をもった人々が共和国に敵対します。これがパリ・コミューンの始まりです。

共和国政府はボルドーに移り、パリとボルドーの二重政権となります。パリは共和国のティエールに反対し、独自の政府の設立を三月一八日に宣言します。これがコミューン政府です。

下からの革命

アンリ・ルフェーヴルは『パリ・コミューン』(河野健二他訳、岩波文庫、二〇一一年)の中で、次のようにこの革命をまとめています。コミューンは、一八五〇年以降オースマンによって破壊されたパリを奪還する運動であったのだと。

一八五〇年以降のパリは一二区から現在の二〇区へと拡大します。それは、都市中心部の労働者が次第に郊外に出て行くことで都市が拡大したからです。ブルジョワ層は都市改造によってパリの中心部に豪奢《ごうしゃ》な建築物を建てることで、部屋代を高くし、労働者が住めない空間をつくります。一九八〇年代の日本のバブルにも似て、都心から住宅が消え、オフィスビルあるいは、ブルジョワのビルに変化していったのです。

郊外に追われた労働者たちは、パリ・コミューンとともにパリに帰ってきたのです。そして、本来彼らが住んでいた居住区を奪還しようとし始めた。下からの革命と言えるものが、資本の拡大に抵抗するかのように起こってきたわけです。自分たちがかつて住んでいた空間を奪還しようという運動は、現代では広場占拠運動として二〇一一年にマドリードやニューヨークで展開しましたが、近代都市に対するこうしたマニフェストは、二〇〇五年のパリ郊外での暴動や二〇一一年のロンドン暴動も含め、いまでもきわめて無政府的な形で突然起こってきます。

経済成長が止まると、貧困層は怒りを爆発させます。一九世紀的社会というものはまさにそういうものです。彼らが求めるのは自由、平等、博愛といったフランス革命精神ですが、それはたんに民主制の確立といった運動ではありません。むしろ直接民主制を求める国家解体を含む運動だったのです。自由、平等、博愛というフランス革命精神を根本的なところから求める運動であったのです。しかし、アーレント的に言えば、こうした怒りだけの大衆の運動は、政治的な意味での革命をなしえないということになります。

マルクスとパリ・コミューン

さて、パリ・コミューンが実際に行ったことは別として、それを通じて多くの思想家が考えたことは、かなり違っています。たとえばマルクスですが、マルクスはそれまで国家権力収奪型の革命論を考えていました（『共産党宣言』）。資本主義が中央集権的であるかぎり、それを奪取することによってしか未来は開けないというのは間違いありません。だから、マルクスは当初パリ・コミューンに批判的でした。しかしパリ・コミューンが新しい可能性を秘めていることを知り、自らの革命論を変化させていきます。

マルクスはルイ・ナポレオン体制を次のように分析していました。

「それは、ブルジョアジーが国民を統治する能力をすでに失っており、そして労働者階級がまだそれを獲得していないような時期における、ただ一つ可能な政府形態であった」（「フランスにおける内乱」『マルクス＝エンゲルス全集　第17巻』大内兵衞、細川嘉六監訳、大月書店、一九六六年、三一四頁）

一八四八年革命によって、ブルジョワ階級は政権を取ることはできなかったわけです。しかし、ルイ・ナポレオン体制はブルジョワ層の利益になっていました。逆に言えば、理想化されたブルジョワ社会が、自由なブルジョワ階級による国家ぬきでの商業社会であるとすれば、このルイ・ナポレオン体制は、二〇世紀の資本主義のような国家主導型のブルジョワ社会であるというわけです。マルクスは、この社会は国家権力を使って労働者を奴隷化する社会だと述べます。

「帝政主義〔imperialism〕（著者注・原著の訳者はレーニンの帝国主義と分けるためにこう訳していますが、筆者は帝国主義と考えます）こそは、生まれでようとする中間階級社会が封建制度からの自分自身の解放の手段としてつくりあげはじめ、そして、成熟しきったブルジョア社会がついに資本による労働の奴隷化の手段に転化した、あの国家権力の最もけがれた形態であると同時に、その終局の形態である」（前掲書、三二五頁）

こうした形態であるがゆえに、コミューンはこれとまったく異なる形態でなければならないというのです。それはすべて真逆のもの、すなわち階級支配のない、常備軍が廃止された社会でなければならないのです。フランスのトロツキスト、ダニエル・ベンサイドはこう語っています。

「多数派による最初の例外的権力であったパリ・コミューンは、マルクス自身の言葉に従えば、プロレタリア独裁の『ついに発見された形態』である。だから、今日、語らなければならないのは、パリ・コミューンや『下からの』民主主義のあらゆる形態についてのこの経験である」（ダニエル・ベンサイド『21世紀マルクス主義の模索』湯川順夫訳、柘植書房新社、二〇一一年、一一〇頁）

なるほどマルクスは、『共産党宣言』（一八四八年執筆）のころには、共産主義者によるオーギュスト・ブランキ型の革命観をもっていました。ブランキ主義というのは、陰謀的革命論です。少数者による陰謀を企てることで革命は可能になると考えていて、マルクスの共産主義者の指導による革命論は、それに少し似ています。ただ、根本的な相違は、マルクスの革命論は、資本主義が崩壊の可能性を持っているときに、崩壊を促進する場合に限られていたことです。トロツキーは『ロシア革命史』の中で、こうブランキズムを表現していますが、的確な指摘です。

「ブランキの誤りは、その原定理にではなく、逆定理にあった。戦術の拙さのために蜂起が敗北の運命をたどったという事実から、ブランキは、武装反乱の戦術の掟を守ることでおのずと勝利が保障されうるという結論を引き出した。ブランキ主義とマルクス主義との正当な対比はようやくここからはじまる。陰謀は蜂起にとってかわるものではない。プロレタリアートの活動的な少数者がどんなにみごとに組織されていようとも、国の全体状況とかかわりなく権力を奪取することはできない」（トロッキー『ロシア革命史〈5〉』藤井一行訳、岩波文庫、二〇〇一年、二五一二六頁）

パリ・コミューンの中に、マルクスは資本主義の崩壊の可能性だけでなく、民衆の力を見て取ったのです。その意味でマルクスの『フランスにおける内乱』は興味深い問題を提起しています。第一インターナショナルの中心にいたマルクスは、パリ・コミューンが起きた際、パリ支部を支援することになります。その支持の宣言文が『フランスにおける内乱』で、マルクスが起草しています。

マルクスは、そこで民衆の自治の力を読み取ります。そもそもマルクスは、国家権力の解体を考えていた人物です。もちろん、国家権力を解体するためには、国家権力の掌握が必要であるという前提です。

社会革命により民衆の力が結集されることで、政治革命が起き、民衆が政治に直接参加できるという考えがありました。民衆が暴徒と化しただけでは、革命は実現されはしません。それはたんなる暴動です。しかし、暴動は民衆のエネルギーであり、これを欠くわけにはいきません。このエネルギーこそ、民衆を政治へと呼び込む力であるからです。政治という空間は、こうした民衆のエネルギーを抜きにしては成り立たないのです。これがフランス革命に対するマルクスの考えでした。

ロベスピエールのような独裁を通して社会革命や政治革命が実現される、それとは違う方法は、こうした民衆のエネルギーに負っています。

中央集権化問題

パリ・コミューンは、民衆が直接政治に参加する直接民主制であると同時に、中央権力を破壊する革命です。マルクスは『フランスにおける内乱』でこのことを理解しつつも、それだけではこの革命は成功することはないだろうと考えていました。資本主義を破壊するには、資本主義社会の権力をつくりあげている銀行や資本を徹底的に攻撃するしかないからです。既存の国家権力をそのままにしておいて、革命は実現されないと考えたマルクスは、中央権力の破壊、とりわけ銀行の奪取を考えます。トロツキー的にいえば陰謀を組織するということになります。

レーニンはマルクスの『フランスにおける内乱』を熟読し、『国家と革命』を執筆します。そこでレーニンは、後にレーニン主義といわれる共産主義者による組織的策略だけでなく、ソヴィエトという地域分散型の組織を構想します。それはマルクスから得たものです。マルクスはパリ・コミューンが行おうとしていたこと、中央権力を破壊するために官僚の選挙制、軍隊の民兵化を行うことなどを高く評価します。こうしたことを通して民衆は政治に関心をもちます。そして、常備軍や官僚制のもつ権力を破壊できるわけです。

さて、こうなるとひとつの矛盾が出てきます。マルクスとレーニンはアナキストなのかという問題です。しかしそれは違います。目標は国家の解体であるので同じですが、手段においてやや違っています。あくまで国家権力をそのままにしておけば、こうしたコミューンはすぐに崩壊する。だから共産主義者の指導が必要となるわけです。

とはいえそうだとすると、手段、すなわち共産主義者による指導が、逆に中央集権化を強化してしまわないかという懸念が起きます。政治という舞台には民衆の参加が欠かせないのに、民衆は後塵《こうじん》を拝していることになるからです。民主政治に至る形態をどこで維持するか、これはアーレントが指摘したことでもありますが、政治という場をもう一度考える必要があります。民衆が自ら革命の中で政治を、暴動としてではなくどこまで理解できるか。これが最大のテーマとなります。次章で考えるロシア革命はその失敗の例として重要です。

バクーニンとパリ・コミューン

パリ・コミューンに期待を寄せたものは、マルクスだけではありません。アナキズムの首領といわれるバクーニンがいます。バクーニンは、トックヴィル的な政治的改革、すなわち自由の実現をモットーとしています。

「私は自由の熱狂的な愛好家であり、自由をその中でのみ人間の知性と尊厳と幸福が発展し拡大しうる唯一のものと見なしている」(バクーニン「パリ・コミューンと国家の観念」『バクーニン I』江口幹訳、アナキズム叢書、三一書房、一九七〇年、三〇九頁)

自由を実現することはマルクスも同じなのですが、バクーニンは政治的革命、すなわち中央権力に対する周辺の革命、地域主義に力点があります。だから、彼は共産主義者ではないと自ら述べています。革命的社会主義者だというのですが、その意味は国家権力を破壊することになるというわけです。

「共産主義者たちは国家の政治力を奪取するために労働者の力を組織しなければならないと考える。革命的社会主義者は国家の破壊のために、もっと丁寧な言葉がお望みなら、国家の清算のために結集する。共産主義者は権威の原理と実践の信奉者であり、革命的社会主義者は自由をしか頼みとしない」（前掲書、三一一頁）

ここでは革命それ自体が中央権力を打破することになっています。マルクスは中央権力を奪取することが念頭にありました。中央権力を打破しなければ、自由は獲得されない。しかし、それが逆に中央権力をつくってしまうのでは意味がない。この問題はフランス革命の後、ロベスピエールにつながった問題です。目的と手段の取り違えですが、手段と目的はある意味ひとつであるというのがバクーニンの主張です。

「未来の社会組織は下から上にのみ、まず提携組織における、ついでコミューンにおける、地方における、一国における、最終的には国際的・世界的な大連合における、

労働者の自由な提携ないし連合によってつくられねばならない」（前掲書、三一八―三一九頁）

バクーニンは中央権力を民衆運動によって羽交い絞めにし、それを収奪するという発想です。ただ近代国家、そして資本は巨大な力を持つので、そうした中でこうした政治運動だけで崩壊することはありえません。資本主義の根本的な問題がそこに横たわっています。

フランス革命によってブルジョワ階級が権力を奪取できたのは、政治革命以前に社会革命が進行していたからです。資本主義的メカニズムが浸透することで、政治革命が可能になった。次の革命にも社会革命、すなわち胃の腑《ふ》の欲望を満たす社会システムが描かれなければ、権力を崩壊させることはできません。

マルクスはそこにポイントを絞っていたのです。資本主義社会に代わるシステムが共産主義社会であり、それは資本主義社会の経済システムを超えたところにあるものでした。バクーニンにはそれがない。自由という言葉はいいのですが、そこで具体的にできあがるものを冷静に見ると、自由を構成している社会背景がないわけです。

第三節　暴力と革命

アナルコ・サンディカリズム、新しい暴力概念

パリ・コミューンが与えた衝撃は、やがてフランスにアナルコ・サンディカリズムという運動をつくりあげます。これは、共産主義者ではなく労働者による直接的罷業、すなわちストライキによって社会に大きな衝撃を与え、社会を変革するという運動です。パリ・コミューンのように民衆運動ではなく、特殊労働者による運動であることに特徴があります。

この運動を理論的にまとめたのが、ジョルジュ・ソレルの『暴力論』です。暴力論という激しいタイトルなのですが、この場合の暴力とは、支配者の中央権力に対抗する力のことです。

ソレルは一九世紀の騒乱が国家権力の増大だけに寄与したことに対して、プロレタリアの暴力（violence）は、そうした中央集権的力（force）に対抗するのだと述べます。

「十九世紀のあらゆる革命的擾乱は、結局は国家の強化に終ったのである。プロレタリア暴力《ヴィオランス》は、それが顕現するあらゆる闘争の外観を変化する。何となればそれはブルジョアジーによって組織された権力《フォルス》を否認し、この権力の中核となっている国家を廃絶することを主張するからである」（ソレル『暴力論　上巻』木下半治訳、岩波文庫、一九三三年、四四―四五頁）

そして、革命は神話でなければならないとし、サンディカリストのゼネスト[*12]という新しい神話をうちたてようとします。なぜこうした神話が必要なのかといえば、神話がなければ意志が和らぎ、たんなる騒乱になるからだと述べます。

「大衆によってうけいれられる神話《ミート》がない限り、人々は反逆《レヴォルト》については無限に語ることができるが、しかし決していかなる革命運動をも引き起すことはできないであろう。これすなわち、総　罷業《グレーヴ・ジエネラル》にかくも大きな重要性を与えるわけであり、そして革命を恐れる社会主義者たちにとって、この総罷業をかくも忌まわしいものたらしめるゆえんでもある」（前掲書、六二頁）

ゼネスト、すなわち総罷業を起こすことで、労働者による下からの革命を引き起こす。平和ボケした労働者にストライキを実施させることで、革命への勇気を与えようというわけです。ソレルが反対するのは、議会の中で投票によって権力を奪取し、そこから社会主義を行おうとする動きです。こうした動きから社会主義は出てこないと主張します。

一九世紀後半には、フランスにおいてもドイツにおいても、社会主義者の議会進出の機会が増えます。普通選挙法が実施されることでプロレタリアも代表を送れるようになり、それまで議会の外、政治の外でしか活躍する場がなかった人々が、議会で活躍するようになります。しかし、こうした動きは当然ながら譲歩につぐ譲歩をせまられ、革命は遠のいていきます。

マルクスの娘婿ポール・ラファルグ[*13]は、フランスを代表するエリート学校ポリテクニークの講演で、最近エリート諸君が社会党への入党を志望しているが、売名行為だけで社会党に入るべからずと述べています（Paul Lafargue, Le Socialisme et les intellectuels, les bons caractères, 2004.）。まさに議会に議席をもつ政党は、たとえその名前が何であれ、牙《きば》を抜かれて権力迎合的な党になるのです。ラファルグをはじめとしたゲード[*14]派はこうした妥協に反対したわけですが、その意志の一部をソレルが継いでいると思われます。
だからソレルはこう述べるわけです。

「このようにして、プロレタリア暴力は、マルクス主義の本質的一素因となった。プロレタリア暴力は、もし適当に指導されるならば、議会的社会主義を廃絶する結果をもつであろう、そしてこの議会的社会主義は、もはや、労働者階級の指導者として、また、秩序の番人として通用し得なくなるであろうということを、いま一度、付け加えておこう」（前掲書、一四二頁）

ゼネストの目的は国家権力を麻痺《まひ》させることであり、それは権力のもつ利益を彼らが獲得することではなく、その利益そのものを否定することであると主張します。そして、ここに新しい暴力概念を定義します。一般に言われる暴力は力であり、それは権力のものである、暴力はそれと戦うものであると。

「だから、権力《フォルス》は少数者によって支配されるある社会秩序の組織をおしつけることを目的とするものであり、他方、暴力《ヴィオランス》はこの秩序の破壊を目指すものであると、いうであろう。ブルジョアジーは近世の初頭以来、権力《フォルス》を使ってきた、他方、プロレタリアートは、いまや彼らブルジョアジーと国家とに対して、暴力《ヴィオランス》によって反撃しつつあるのだ」（ソレル『暴力論　下巻』木下半治訳、岩波文庫、一九三三年、四四頁）

ベンヤミンは、『暴力批判論』で、ソレルが政治的ゼネストといわゆる労働者のゼネストを分けたのは、ソレルの功績であると述べています（『暴力批判論　他十篇』野村修編訳、岩波文庫、一九九四年、五〇頁）。それは前者が国家権力の争奪戦にすぎず、後者はその解体を意図するからです。

エンゲルスの暴力論、私有制度の暴力を破壊する

エンゲルスも、暴力について『反デューリング論』の中で語ります。とりわけここでいう暴力は、資本主義社会のもつ暴力のことです。批判の相手であるデューリング[*15]は、暴力という本能は昔から存在していて、この本能が私有制度をつくったと主張するのですが、エンゲルスはまったく逆であると主張します。そもそも、人間にとって私有それ自体はな

んの暴力とも関係していない。それが暴力にまで発展するのは、商品生産社会においてであり、暴力も経済的機能から生まれていくのであると。

ややや経済還元主義のにおいがしますが、ブルジョワ的暴力が本来の人間の本能の中に埋め込まれたものではないという認識は、やはり重要でしょう。しかも、それがきわめて洗練された資本主義的暴力の場合、暴力に見えません。むしろ合理的な等価交換関係になっている。資本主義社会の私有制度は暴力には見えないのですが、確かに暴力である。

この暴力は、政治的暴力として資本主義的システムを基礎付けています。私有財産を守るための中央集権的な国家制度による法的規制がまさにそれで、私有財産が正当化されることで暴力が暴力と見えない構造になっています。しかし、これは暴力である。かつての封建制は身分制度による暴力でしたが、人間は生まれながら身分が決められているという発想のもと、それが暴力に見えなかったのです。ブルジョワ的制度は、そうした身分制度を新しい暴力によって破壊しました。すなわち人間は機会が平等であることで、私有財産の相異以外、差別をするものはなくなったのです。

それでは次に社会はどうしたらいいか。それはそうした私有制度のもつ暴力を新しい暴力、ソレル的にいえば下からの抵抗の暴力によって破壊するしかないわけです。エンゲルスはマルクスの言葉を借りて、こう述べています。

「暴力は、マルクスのことばを借りれば、新しい社会をはらんでいるあるゆる古い社会の助産婦であるということ、暴力は、社会的運動が自己を貫徹し、そして硬直し麻痺した政治的諸形態を打ち砕くための道具であるということ」（「反デューリング論」『マルクス＝エンゲルス全集　第20巻』大内兵衞、細川嘉六監訳、大月書店、一九六八年、一九〇頁）

これは『資本論』第一巻の言葉からきています。

「暴力は、古い社会が新たな社会をはらんだときにはいつでもその助産婦になる。暴力はそれ自体が一つの経済的な潜勢力なのである」（「資本論　第一巻」『マルクス＝エンゲルス全集　第23巻b』大内兵衞、細川嘉六監訳、大月書店、一九六五年、九八〇頁）

つまり、生産力と生産関係の矛盾がある程度いくと、それを押す助産婦の役割として新しい暴力、すなわち革命が出現するということです。

サンディカリズムの衰退

しかし、二〇世紀になってゼネストによる労働者の暴力は、高い代償を払わされることになります。ホブズボーム*16は『革命家たち—同時代的論集I』でこう述べます。

「一九二〇年、大鉄道ストライキの挫折とともに、彼らの運動は失敗に終った。革命的ゼネストという、フランス労働者の伝統的神話は崩壊した。そしてさらに重要なことは、フランス労働運動の一つの重大な傾向としての革命的サンジカリズムもまた、死滅したのであった」（ホブズボーム『革命家たち—同時代的論集I』斉藤孝、松野妙子訳、未来社、一九七八年、四一頁）

大規模なストライキを打つと、最初は華々しいのですが、労働者自身、さらには民衆をも怒らせてしまいます。あくまでも経済的機能を崩壊させることで権力にせまるわけですが、権力は逆にそれを利用するわけです。一九七〇年代、わが国で行われた国鉄（現J

R）の大規模ストライキは、内容はどうあれ国民の不満を爆発させてしまいました。それはストライキの失敗というよりは、ストライキという概念そのものを葬りさることになったのです。

とはいえゼネストがフランスで再び大きな意味を発揮するときがきます。それは五月革命のときです。このとき、学生運動と労働者のゼネストがド・ゴールを退陣させたのです。サンディカリズムはこうして衰退し、代わってボルシェヴィズム*17が出現します。ロシア革命について次の章で見ていきます。

＊1　不均等発展　先進国は後進国の収奪を通じてしか発展できないため、つねに先進国は後進国の発展を阻害していくという考え。先進国の利潤や、豊かさが、後進国の労働者の収奪からなる以上、後進国の発展は基本的には歓迎されない。

＊2　フランク　Andre Gunder Frank　一九二九―二〇〇五。ドイツ出身の経済学者。アメリカで教育を受け、欧米の諸大学で教鞭を執った。ラテンアメリカへ移ったのち、独特の従属理論を主張した。主著は『世界資本主義と低開発――収奪の《中枢―衛星》構造』『従属的蓄積と低開発』など。

＊3　アミン　Samir Amin　一九三一―。エジプト出身の経済学者。著書に『世界資本蓄積論』など。

＊4　リカード　David Ricardo　一七七二―一八二三。イギリスの経済学者。イギリス古典派経済学の最大の理論家。アダム・スミスの労働価値説をより発展させ、しかし利潤の問題では労働価値説を修正している。主著は『経済学および課税の原理』。

＊5　比較生産費説　比較優位説ともいう。国内の各商品の生産費の比を他国のそれと比較し、優位の商品を輸出し劣位の商品を輸入することで、双方が利益を得て国際分業が行われるという、リカードが提唱した説。現代の国際分業の基本理論となっている。

＊6　ルイ・ナポレオン　Charles Louis Napoléon Bonaparte　一八〇八―七三。フランス皇帝ナポレオン三世（在位一八五二―七〇）。ナポレオン一世の甥。一八四八年、二月革命の後に国民議会議員に選出され、同年の大統領選挙にも圧勝。五一年にクーデターで議会を解散し、反対勢力を弾圧した上で国民投票を行った。翌年にも国民投票に訴え、圧倒的多数の支持で帝位につき、ナポレオン三世となった。七〇年の普仏戦争に敗れて退位。

＊7　オースマン　Georges Eugène Haussmann　一八〇九―九一。フランス（ドイツ系）の行政官。ナポレオン三世に推されジロンド県知事からセーヌ県知事となり、パリ市の都市計画を遂行した。地区改革、広場の整理、公共工事、上下水道や道路・橋梁の整備などを行いパリの都市機能を蘇生させた一方、労働者街との格差を拡大させ、財政負担を増大化させた。

＊8　下級中産階級　ミドルクラス middle class の訳語である「中産階級」を上位と下位に分けたとき、下位に位置づけられる階級。しかし、実際には中産階級であるよりも、下層階級の上層といった位置に

いる下級である。

＊9　ルンペン・プロレタリア階級　マルクス主義の用語で、プロレタリアートとは区別され、労働者階級から脱落した不正規の労働に従事する極貧層をさす。「ルンペン」はドイツ語で「ぼろくず」の意味。

＊10　ブルジョワ階級　一般に富裕な商工業者や財産所有者で構成される社会層のこと。有産者階級とも。ブルジョワはもともと町人や市民の意味だが、マルクス主義の用法では近代資本主義社会における資本の所有者という意味で資本家階級と訳され、プロレタリア階級の反対語とされる。

＊11　プチブル階級　ブルジョワ階級とプロレタリア階級の間に位置し、中間的あるいはブルジョワ的意識をもった階層。プチブルジョワの略。小市民層と呼ばれることもある。

＊12　ゼネスト　ゼネラル・ストライキの略語で「総罷業」や「総同盟罷業」と訳される。一国全体または一定地域の、多数の産業分野にわたる多数の労働者が一致共同して経済的または政治的要求獲得のために行うストライキのこと。一九世紀後半のフランスを中心としたラテン系諸国のアナルコ・サンディカリストたちが、この思想を本格的に広めた。

＊13　ポール・ラファルグ　Paul Lafargue　一八四二―一九一一。フランスの社会主義運動家。一八六五年第一インターナショナルに参加。六九年ロンドンでマルクスの娘ラウラと結婚し、帰仏した八〇年、ゲードとともにフランス労働党の創立に加わった。一九一一年、厭世観に陥り夫婦ともに自殺した。主著に『怠ける権利』など。

＊14　ゲード　Jules Guesde　一八四五―一九二二。フランスの官吏からジャーナリストに転身し、のち政治家。コミューンを支持したためジュネーブに亡命し、その地でバクーニンやプルードンの思想に接

する。ラファルグとともにフランスにマルクス主義を紹介した。第一次大戦勃発時には、敵国の反動的性格を理由に戦争を支持し、入閣した。

＊15　デューリング　Karl Eugen Dühring　一八三三―一九二一。ドイツの哲学者・経済学者、社会主義者。『国民経済学ならびに社会経済学教程』や『哲学教程』で脚光を浴び、一八七五年の社会主義労働者党ゴータ大会では、一部に絶大な影響を与えた。のちエンゲルスに批判され、七七年には教壇から追放された。

＊16　ホブズボーム　Eric John Hobsbawm　一九一七―二〇一二。イギリスの歴史家。エジプトに生まれ、ウィーン、ベルリン、ロンドンで教育を受ける。共産党員として長くイギリスおよび英語圏でのマルクス主義史学の中心にあった。分析的かつリーダブルな歴史叙述が歴史学界以外でも高く評価された。

＊17　ボルシェヴィズム　ロシア社会民主労働党の多数派（ボリシェヴィキ）が展開した、少数の革命家により暴力革命をリードしようとする考え方。ロシア革命の指導者レーニンは、ロシアは西欧的な大衆政党でなく、少数の革命家集団である党が農民・労働者を導くことで革命を遂行すべきで、また民主主義の実現に止まらず社会主義の実現に向かうべきだ（二段階連続革命）と考えた。「ボリシェヴィキ」の本来の意味は多数派。

第四章　革命と反革命

第一節　レーニンの革命観

組み合わせが難しい問題

一九一七年のロシア革命は、フランス革命とパリ・コミューンの経験から学んでいます。その経験とは何であったのでしょうか。まずそのあたりから見ていきます。

フランス革命は民衆の革命が無政府状態をつくりあげ、結局ロベスピエールの独裁を生み出しました。革命は、民衆の支持がない場合には恐怖政治になることがそこから理解できます。一方パリ・コミューンは、民衆の支持は受けていたのですが、中央権力への対処をどうするかに問題がありました。この二つの問題を理解すれば当然、中央集権的な国家権力を当面は奪取するしかなくなります。他方、権力を奪取した民主勢力が恐怖政治をつくりださないようにするためには、評議会（ソヴィエト）をたくさんつくり、権力が集中できないように分権化する必要があります。しかし、これは何度も見たように、組み合わせが難しい問題です。

たとえこうした理論がどうあれ、現実には革命が成功するといつのまにか独裁が生まれ、革命が失敗すると美しい民衆運動の思い出だけが残るという状態が続いていました。永遠に失敗の栄光の中で生きるか、成功すれども独裁を免れる方法を考えるか。レーニンがマルクスの『フランスにおける内乱』を読みながら理解しようとしたのは、まさにこの問題であったと思われます。

ブルジョワ政府と徹底して戦う

資本主義社会の法的制度の枠内で権力を取るというだけなら、議会選挙で勝てばいいわけです。ドイツ社会民主党が進めた戦略はそうでした。議会で第一党となれば政権を奪取できます。しかし、これは政治的に権力を奪取しただけであり、資本主義制度そのものに手をつけ始めると、途端に徹底した攻撃にあい、政権はすぐに崩壊します。社会主義政党がたとえ政権をとったとしても、それはけっして革命にはならなかったし、社会革命にもならなかったわけです。

となると、資本主義制度を崩壊させるには、徹底した戦いしかないということになります。それがゼネストであれ、武力革命であれ、経済的土台を揺り動かさねばならないはずです。レーニンは、資本主義制度の強さと戦うために、ドイツ社会民主党のような議会主義ではなく、徹底的に戦うことを選びます。

「ブルジョアジーにたいする勝利は、長い、ねばりずよい、猛烈な、死物ぐるいの戦いなしには不可能であり、この戦いは、忍耐、規律、剛毅、不屈、意志の統一を要求するのである」（レーニン『共産主義における「左翼」小児病』朝野勉訳、国民文庫、大月書店、一九五三年、一〇頁）

レーニンは革命を行った後、徹底して戦わねばならない理由として、小生産者階級の存在を指摘します。彼らは支配的ブルジョワ層の周りにいる下級中産階級と同じような役割、すなわちプチブル階級にあります。彼らはつねにもとへもどろうとする傾向があるため、彼らと戦うためにも独裁が必要であるといいます。

「プロレタリアートの党の鉄の規律をたとえすこしでもよわめるものは（とくにその独裁の時期に）、実際には、プロレタリアートにそむいてブルジョアジーをたすけるものである」（前掲書、四一頁）

『国家と革命』およびそのノートで展開されたソヴィエトという分権型のシステムと、この独裁という形はどう取り結ばれるのでしょうか。レーニンは『国家論ノート』でこうノートに記しています。

「ロシア革命もこれと同じ方式にとりくんだ。一方ではパリ・コミューンよりも弱腰に（より小心に）とりくみ、他方ではより広範な規模で〈労働者代表ソヴェト〉〈鉄道従業員代表ソヴェト〉、〈兵士・水兵代表ソヴェト〉、〈農民代表ソヴェト〉を示した。このことに注意」（レーニン『国家論ノート』村田陽一訳、国民文庫、大月書店、一九七三年、五四―五五頁）

レーニンは『フランスにおける内乱』でマルクスが次のように述べていることに注目します。

「しかし、労働者階級は、できあいの国家機構をそのまま掌握して、自分自身の目的のために行使することはできない」（「フランスにおける内乱」『マルクス＝エンゲルス全集　第17巻』大内兵衛、細川嘉六監訳、大月書店、一九六六年、三一二頁）

レーニンは、ここから国家の解体を模索し、官僚的＝軍事的国家機構を破壊すると述べています（『国家と革命』宇高基輔訳、岩波文庫、一九五七年、五七―五九頁）。そして常備軍の廃止や官僚の公選制などという、きわめて分権的なアイデアをパリ・コミューンから受け継いでもいるのです。

理論的な社会主義革命は一国では不可能

こうした理論上の相異は、現実的にロシアの世界経済における状況を見ないと理解できないでしょう。それは、ロシアが先進資本主義国ではなく、半周辺の資本主義国であることです。レーニンは『帝国主義論』で結節点という言い方をしていますが、ロシアは中心国、半周辺国、周辺国という言い方で述べると、半周辺国に含まれます。すべての矛盾がこの結節点の国にかかって革命が起きるという指摘はいいのですが、問題は、結節点の国の革命だけでは革命が終わらないという点にあります。

帝国主義の主たる国家である先進資本主義国がロシア経済を支配している以上、ロシアの革命は、必ず外国の干渉を受けます。投資の対象であり、従属状態においているロシアをそう簡単に手放すわけはありません。だから、ロシアの内部には外部の資本主義国と密通するものが必ずいます。それを断つには、中心部の先進資本主義国で革命が起こらねばならないわけです。

「資本主義は国際的なつながりをもつがゆえに、国際的な根をたたねばならない。（中略）ドイツでの共産主義の成功はその鍵である」（前掲書『共産主義における「左翼」小児病』八〇頁）

レーニンは、とりわけドイツでの革命の成功を願っていました。直接の戦争相手国たるドイツ、帝国主義国で先進資本主義国であるドイツに革命が起これば、帝国主義国の一角が崩れ、社会主義へと進む。そうすると、技術や資本の点で社会主義に有利な状況が生まれるというわけです。ドイツで革命は起きましたが、失敗します。たとえ成功していたとしても、敗戦国たるドイツの革命は中心国の革命といえたかどうかは疑問ですが、理論的な社会主義革命は一国では不可能なのです。

それはすでに述べたように、世界はひとつのシステムとしてつながっているからです。先進資本主義国の豊かさは、後進資本主義国の貧困と歩みを同じくしているわけです。だから、後進資本主義国の革命は、先進資本主義国の革命がないと不成功に終わります。それが永久革命ということになるのですが、革命は輸出されねばならないわけです。そうでなければ、先進資本主義国は新たなる手を打ってきて、革命を破壊してしまいます。

こうした中、『国家論ノート』や『国家と革命』のコミューンの話はトーンダウンせざるをえません。理想は現実の前に一歩前進、二歩後退を余儀なくされるのです。この問題を展開しているのがトロツキーです。

第二節　トロツキー

革命は背後に大衆の支持がなければならない

トロツキーは、革命直後の戦時共産主義の時期についてこう語っています。

「戦時共産主義は本質的には、包囲された要塞の中での消費統制方式であった。しかし当初の構想ではそれはもっと遠大な目的をめざしていたということを認めなければならない。ソヴェト政府は分配の領域においても生産の分野においても統制の方法をそのまま計画経済の方式へ発展させることを期待し、かつめざしていた。言いかえれば、『戦時共産主義』からしだいに、しかし方式を破壊せずに真の共産主義に到達することを期していたのである」（トロツキー『裏切られた革命』藤井一行訳、岩波文庫、一九九二年、三九頁）

革命は、かなり急進的なことを行おうとしていたわけです。ロシア革命は二月革命から始まりました。そこで成立したケレンスキー[*1]政権は、結局民衆の意志を受け継ぐことができず、逃げ出してしまいます。ロシア革命はそれほど暴力的な革命であったわけではないのです。政権政党が投げ出したことで転がり込んできた革命でもあった。もちろん民衆、労働者や農民の期待があったから受け継ぐことができたのですが、トロツキーは次のように革命を語ります。

「革命には、状況による強制というものを考慮しなければ、強制がないという点である。革命は、ほかの道が残っていないときに起こる。革命のもろもろの事件の山脈の頂のように革命の上にそびえる蜂起も、全体としての革命と同じように恣意的に起こせるものではない。大衆は最後の突撃を決意するまえに、いくどか攻撃したり退却したりする」（トロツキー『ロシア革命史〈5〉』藤井一行訳、岩波文庫、二〇〇一年、二一頁）

「純粋な陰謀は、勝利した場合でさえ、同じ支配階級の個々の徒党の間での権力交替を、あるいはもっと小規模な形でたんに為政者の交替をもたらしうるにすぎない。ある社会体制にたいする別の社会体制の勝利をもたらすのは歴史上では大衆の蜂起だけであった」（前掲書、二二頁）

革命は、思いつきで起こせるものではなく、背後に大衆の支持がなければならないというわけです。それこそトロツキーが陰謀論的なブランキズム*2を批判するゆえんですが、革命は陰謀による政権交代ではない。むしろ社会体制の変換です。そうであれば、社会変換は陰謀家によってもたらされるのではない。それは、マルクスがいうようにたんなる助産婦役にすぎません。生み出すのは母親たる民衆自身です。

助産婦役は当然ながら党です。党はもちろん民衆の支持がなければ革命を起こせない。ロシア革命が成功したのは、まさにこうした支持があったからというのです。

「つまりプロレタリアートが不満をかかえる農民をブルジョアジーとのたたかいにひきこむことに成功したのである」（前掲書『裏切られた革命』一一九頁）

しかし、それ以外の国ではこうした革命は起こりませんでした。その理由をトロツキーは次のように述べます。

「蜂起が万人の憤りから、ばらばらな抗議、デモ、ストライキ、街頭衝突から『自然発生的』に起こって、軍隊の一部を味方につけ、敵の力を麻痺《まひ》させ、旧権力を転覆することもありうる。ロシアで一九一七年二月に起こったことはある程度までそうであった。一九一八年の秋のドイツとオーストリア＝ハンガリーの革命の発展もほぼそれと同じような様相を示した。それらの場合は、徹底して蜂起の利害関係と目的につらぬかれた党が蜂起した人々の先頭に立っていなかったため、その勝利によって権力は否応なしに、最後の瞬間まで蜂起に反対していた諸政党に渡らなければならなかった。旧権力を転覆することと、権力を掌握することとは別問題である」（前掲書『ロシア革命史〈5〉』二三頁）

ブランキ的な革命の具体的な方法論が展開されています。デモやストライキ、街頭での衝突、軍隊を味方につけることなどです。しかし、それだけでは結局十分ではない。なぜなら目標が定まっていないからです。目標が定まらない蜂起《ほうき》は結局それ以上には進まないというのです。

ロシアは世界市場の結節点にあった

大衆の支持というだけでなく、トロツキーは革命の原因をレーニンの帝国主義論と同様の論理で説明します。ロシアで革命が起きたのは、ロシア一国の問題ではなく、世界市場の中で起こったと考えるわけです。

「ロシアを後進性とアジア性から脱却させたのは世界の発展である。そのもろもろの道の交錯を無視しては、ロシアのその後の運命も理解できない」（前掲書、三五七頁）

ロシアは世界市場の結節点にあったわけです。世界市場の発展に押されて西欧資本がどんどんロシアに入ってくることで、ロシアの資本主義化と文明化は進む。こうしてロシアは資本主義の結節点としての役割を果たす。しかしその結節点は、世界資本主義を崩壊させるための亀裂《きれつ》点でもあります。だから、そうしたロシアに起こったロシア革命は、諸外国に輸出されねばならない。そうならなければロシア革命の使命は終わることがないわけです。

レーニンは党大会で次の言葉を発したそうです。

「『あらゆる国での社会主義的な社会組織の確立と社会主義の勝利……』を新体制の任務として宣言した。『ソヴェト権力は資本のくびきにたいする国際的労働者蜂起の完全勝利まで毅然としてその道を歩む。』」（前掲書、三七七頁）

こうしてソヴィエト体制が勝利を得るには、次のような条件が必要であるといいます。第一は、一国ないし数カ国の先進諸国の社会革命によって適時支援が得られるという条件。もうひとつは、国家権力を掌握しているプロレタリアートが大多数の農村住民と合意することだと。つまり、国際的視点がないと革命は必ず失敗する。そして、民衆、とりわけ労働者と農民の支援が欠かせないというのです。

第三節　革命の失敗

官僚層が勢力と自信を強める

しかし、実際革命はどうなったのでしょうか。ロシア革命は戦時共産主義による徹底した革命政策による疲弊から、新経済政策（ＮＥＰ＝ネップ）に移っていきます。農村部に対する徴発をやわらげることで、共産主義政策を転回せざるをえなくなるわけですが、このことが革命の方向への疑義を生み出してきます。政治権力を共産党がとるということとは別に、ゆるやかな社会改革を状況によって延期するという政策が、官僚体制に復活の機会を与えていきます。それについてトロツキーはこう述べます。

「政府はみずからの政策のとりこになり、村の小ブルジョアジーの要求に面して一歩一歩後退を余儀なくされた」（前掲書『裏切られた革命』四四頁）

こうした農村部のプチブル層への譲歩が、次第に次なる譲歩を呼んできて、共産主義へ向けたさまざまな政策に狂いがでてきます。現実問題として革命が含む問題がさらけ出されてきたわけですが、諸外国の助けが得られない場合、内部での急進化はできないということを意味しています。

当時ソ連においては、プレオブラジェンスキー[*3]をはじめとした工業化推進者と、ブハーリン[*4]を中心とした農業発展論者がいました。前者はソ連の革命を推進するには徹底した工業化を促進すべきだという意見で、そのためには農村部からの蓄積が必要であり、農業の犠牲の上に工業を打ち立てるというものでした。それは同時に都市のプロレタリアに権力を移し、農村部の富農を一掃することでした。後者は、農村部の発展を促すことで経済の基礎を固め、そこから遅れた工業を発展させるということで、工業化が遅れた国であるソ連のような場合は、その方法は避けられないというものでした。

ネップ期はブハーリン的な発想に政策が展開されました。これはレーニンも理解していたことです。しかし、問題はその後のソ連をどうするかということにあります。レーニンの死後、革命は政権構想、レーニン主義とは何かという問題で紛糾してきます。

トロツキーは一九二四年、レーニンの死後の状況をこう分析します。


「農場主に頼るという方針は工業化を妨げ、圧倒的多数の農民に打撃をあたえ、一九二四年―二六年のあいだにその政治的帰結をはっきりとさらけだすこととなった――すなわち、都市と農村の小ブルジョアジーの自覚が異常な高まりを見せ、小ブルジョアジーが多くの下級ソヴェトを占拠し、官僚層が勢力と自信を強め、労働者にたいする圧迫が増大し、党とソヴェト組織の民主主義が完全に圧殺される結果になったのである」(前掲書、四五頁)

結局、農村への譲歩が小ブルジョワ層の勢いに油をさし、それが官僚層の力となってきたというのです。プロレタリア層と農民層による革命は、次第にプチブル層の革命に代わっていったというわけです。それはフランス革命が政治的混乱を招きながら、結局市民層の利益誘導へとつながったことと似ています。その結果ロベスピエールが出現してくるのですが、ソ連のプチブル層の出現は、一七九二年と同様の状況をつくっていったともいえます。

そこでトロツキーはこうまで主張します。

「農村の資本主義的な動向にもっと多く自由をあたえよと要求した。そうした政策のもとでのただひとつの活路は、外国へ輸出される農業原料とひきかえに既成品を輸入することでありえただろう。しかしそれは農民経営と社会主義的工業との結合ではなくて、富農と世界資本主義との結合をつくりだすことを意味したはずである。そんなことのために十月革命を起こす必要などなかった」（前掲書、四八頁）

トロツキーは、結局ロシア革命はフランス革命と同じではないかというのです。プチブル層の拡大は、商業の自由を求めたフランス革命に似ています。そして彼らの解放がロシア革命ならば、社会主義革命ではないということになります。それならば、ロシア革命など必要なかったではないかというのです。まさにそうです。

後進国で起きた革命は簡単ではない

結局、ロシアにとって共産主義革命など最初から無理であったのかもしれません。資本や技術、あらゆる文明的要素を外国に支配されている国が、こうした革命を実現することなど不可能に近い。理論的には先進資本主義国、たとえばイギリスから革命が進むべきであるわけです。そうすると、次第にそこを中心に共産主義に進んでいくしかない。しかし事態はそうなっていない。だからトロツキーは、ロシアはたんなる過渡的段階の革命にすぎないといいます。先進資本主義国の革命を期待しない限り、革命は成就できないというのです。

「ともかくマルクスは、共産主義の低次の段階というものを、経済発展の面ですでにそもそもの最初から、もっとも先進的な資本主義よりも高いところにあるような社会として理解していた。理論的にはそういう設定には問題がない。（中略）加えてマルクスは、社会主義革命を開始するのはフランス人で、ドイツ人がそれを受けつぎ、イギリス人が完成させると期待していた。（中略）したがって、矛盾だらけの今日のソヴェト体制は、社会主義体制ではなしに、準備的な体制、もしくは資本主義から社会主義への過渡的な体制と呼ぶほうが正しい」（前掲書、六九―七〇頁）

世界同時革命[*5]、永久革命という理論がまさにここにありますが、これは先進資本主義国で起きた革命ならば、永久革命は比較的楽であるが、後進国で起きた革命であれば簡単ではないということです。先進資本主義国からのあらゆるチャージがかけられるなか、諸外国の革命もままならない。そして国内における革命もままならない。そんなとき、どうしても国内では革命のゆれ戻しが起こってくる。そして、革命のときにはほとんどどうでもよかった人物がいつのまにか革命の中心にすわる。これは一種の反革命です。

「最初の反動の波で犠牲になるのは普通、革命の攻勢期に大衆の先頭に立った先駆者、首唱者、首謀者であった。そして反対に、後景にいた人々が革命の昨日の敵と同盟して前面に出てきた」（前掲書、一一九頁）

まさにここでスターリンの登場ということになります。スターリンは、こうしたソ連の混乱の中、革命と称してどんどん先祖がえりを実行していきます。国家独占資本主義という言葉があります。それは、マルクスが『フランスにおける内乱』で帝国主義と呼んだものでもありますが、これは次のことを意味しています。

すなわち、資本家たちは次第に競争して少数になっていく、こうして最終的には各部門一社しかないという状態になっていきます。そうなると、もはや企業は独占を生かして国家機構を自分の思うように使うようになってきます。それに乗じて官僚も資本家と同様に国をむさぼるようになる。これが国家独占資本主義の実態です。

革命から反革命へ

ソ連で起きようとしていることは、国家独占資本主義を社会主義という言葉で進めたことと同じになっているというわけです。つまり一部の党員と官僚が、資本家兼政治家となり、企業および国家の利益を収奪していくという構造です。これは後期資本主義（独占末期の資本主義）が行っていることと変わりありません。そうして官僚たちは、世界中の革命が失敗するたびに喜び、人民は失望することになります。トロツキーはこううまく表現しています。

「世界の労働者階級に重大な打撃が加えられれば加えられるほど、ソ連の官僚はそれだけ自信を強めていった。これらの事実のあいだには年代的な関係ばかりでなく因果関係もある――それも官僚の指導が敗北を促進し、敗北が官僚の台頭を助けるという両面での。一九二三年のブルガリアの蜂起の壊滅とドイツの労働者諸政党の不名誉な退却、一九二四年のエストニアの蜂起の試みの失敗、一九二六年のイギリスでのゼネストの背信的中止とポーランドの労働者諸政党のピウスツキ支配下での恥ずべきふるまい、一九二七年の中国革命の惨たんたる壊滅、そのあとでのドイツとオーストリアでのさらにみじめな敗北――それが世界革命にたいするソ連の大衆の確信を失わせ、かつ官僚が救いの唯一のシンボルとしてしだいに台頭することを可能にした歴史的悲劇である」（前掲書、一二二頁）

こうしてスターリンによるソ連の反革命は成立した。スターリンはロベスピエールのように人々の革命に対する熱き感情が失《う》せ、小市民的になったとき（つまり政治的関心が失せたとき）、一方で革命の声がより高く叫ばれねばならなかったとき（すなわち富農を撲滅するため）、突然独裁者として出現することになります。スターリンと官僚のコンビがロシア革命からテルミドールの反動[*6]を生み出したというのです。

「大衆にとって無名の存在であったスターリンが完璧な戦略計画をいだいて舞台裏から突如として出てきたなどと考えたら素朴であろう。否、スターリンが自分の道を探しあてるまえに官僚がスターリン自身を探しあてたのである。（中略）大衆と革命の出来事の前では二流の人物でしかなかったスターリンが、テルミドール官僚の争う余地なき指導者として、その層の第一人者として登場した」（前掲書、一二四―一二五頁）

一九二一年三月のクロンシュタットの反乱[*7]が、党内部の民主主義を崩壊させたともいえます。ソ連内部における反抗が起きたことが、異常に党の団結の粛清を強め、それが党内における民主主義の要《かなめ》とも思われるフラクション（分派）的行動を拒否することにつながっていきます。疑心暗鬼で人々が分派活動を恐れるようになります。それが、自由な意見をいえなくする。こうした状況が生まれることで、共産党が一枚岩になり、物いえなくなる状況が生まれたわけです。

そうしてわずか数千人の共産主義者がソ連を支配するという関係が出現します。ブルジョワ層に対する戦いの手段としてのプロレタリア独裁が、いつのまにかプロレタリアに対する党独裁に変化していく。

これこそ、マルクスがフランス革命を分析する中で危惧《きぐ》したことです。社会革命が人々の政治的無関心をつくることで政治に間隙《かんげき》ができる。そこに独裁者がしのびよる。それを回避するには、人々の政治的関心を引き起こさねばならない。それをするのがプロレタリアの役割なのですが、欠如しているわけです。結局テルミドールの反動が起きてしまった。歴史は二度繰り返す、しかし二度目は喜劇として。


「ソヴェト・テルミドールの社会的意味はわれわれの眼にはっきりと見えはじめつつある。大衆の貧困と文化的後進性が再び、大きな棍棒を手にした不気味な支配者の像として具象化した。格下げされ侮辱された官僚が再び社会の下僕から社会の主人となった」(前掲書、一四九頁)

第四節　スターリンの支配体制

一国社会主義という奇妙な議論

支配者となったスターリンは、早速党内の粛清へと進みます。ロベスピエールが右派のダントン[*8]、左派のエベール[*9]を抹殺したように、まずは左派の工業化推進者プレオブラジェンスキー、そしてトロツキーから抹殺し始めます。やがて右派のブハーリンが続き、反革命と独裁は完了です。

スターリンは、一国社会主義という奇妙な議論を展開します。なぜこれが奇妙なのかといえば、それはマルクスの『共産党宣言』でも述べられているように、共産主義社会は資本主義が世界一般をつくりあげたあとに出現するものだからです。絶対王政はそれ自身一国単位で出現します。なぜなら、絶対王政の経済は一国で社会システムを完結させているからです。しかし、資本主義はそうではありません。つねに国家を超え、世界を市場としなければなりません。その世界市場における矛盾を受ける共産主義は、当然ながら国家単位では存在できません。資本主義の嵐が再度共産主義を資本主義に戻してしまうからです。

ですから、世界を共産主義世界にしなければならないのです。アメリカの政治家がなぜあれほど共産主義を恐れたのかといえば、それが資本主義的世界侵略に対する、逆の世界侵略だと考えたからです。

とはいえ、なぜ一国社会主義なるものが生まれたかということを考えねばなりません。一国社会主義は永久革命に対する反動であったともいえます。スターリンも、一国社会主義などが存在しえるなどとは思ってはいません。数カ国の資本主義の革命がなければ社会主義は維持できないだろうと理解しているからです。

なぜそれにもかかわらず、一国での社会主義の道を歩んだのでしょうか。これはあくまで政治的権力維持のための方便だったともいえます。スターリンは『レーニン主義の基礎』の中でトロツキーをこう批判します。

「『永続革命』の支持者たちは、ロシア革命で農民が非常に重大な役割をもつことを理解せず、農民の革命的エネルギーの力を軽視し、農民を指導するロシア・プロレタリアートの力と能力とを軽視し、したがって、農民をブルジョアジーの影響から解放するという任務、プロレタリアートのまわりに農民を結集するという任務を、困難に

したからである」（スターリン『レーニン主義の基礎』スターリン全集刊行会訳、国民文庫、大月書店、一九五二年、四三頁）

この文章だけ見ると、トロツキーこそ、農民と労働者の同盟を破り、農民の力を軽視し、プロレタリアの力を軽視している人物に見えます。しかしすでに見たように、トロツキーが問題にしているのは、ロシアの農民一般の話ではありません。富農やプチブル的農民、都市の小商人および官僚階級、下級集団階級のことです。トロツキーは彼らを批判したのですが、ここではその批判はそのまま労働者と農民への裏切りに転化されています。

スターリンは確かに富農やプチブルへの徹底した収奪戦を行いました。しかし、これはかえって農民の反対を生み出し、悲惨な粛清をもたらしました。まだネップの方がよかったのかもしれません。

スターリンは硬直的なレーニン主義（本当のそれはかなり弾力的なものですが）をつくりだし、それを徹底して行ったといえます。皮肉なことに、スターリンこそ社会主義政策の中心的人物になったのですが、その政策は社会主義的政策というにはあまりにも残酷な農民死滅政策であり、時と場合を考えない政策であったわけです。社会主義という美名を借りた残酷な収奪政策であったといってもいいかもしれません。
そして、肝心の一国社会主義という政策を主張するわりには、実際はトロツキーの主張と変わらないのです。

「そのためには、少なくとも数ヵ国で、革命の勝利が必要である。だから、他の国々の革命を発展させ支持することは、勝利した革命の本質的な任務である。だから、勝利した国の革命は、自分を自足的なものと見てはならず、他の国々でプロレタリアートが勝利するのをはやめるための補助であり手段であると見なければならない」（前掲書、四八頁）

第三インターナショナルを通じた世界革命路線は何も変わっていません。ただし、ここに理論的な意味がない点が重要です。本来、世界革命が必要な理由は、ソ連やほかの国が一蓮托生《いちれんたくしょう》で相互につながりあっているから、プロレタリア階級がインターナショナルに世界資本主義と戦っているからです。しかし、ここにはそうした痕跡《こんせき》はまったく存在しません。あるのは、社会主義の相互性ではなく、ソ連中心主義です。ソ連が革命を行い、それを輸出するということだけです。ある意味尊大な、社会主義的帝国主義的側面をもっています。ソ連自身を変化させるために世界革命が必要なのですが、ソ連は社会主義革命を行ったのだから、それを海外に輸出するだけでいいということしか書かれていません。

これでは、ソ連はほかの民族をソ連的社会主義にすることだけを目的としている国家でしかありません。マルクスやエンゲルスのオリジナル原稿をソ連が手に入れ、マルクス主義国家としてイニシアティヴをとろうというソ連の発想は、まさにこうしたスターリン的革命路線と軌を一にしたものでした。

マルクス＝エンゲルス研究所が設立され、マルクス＝エンゲルスの文献を掘り起こし、それを世界に普及させるという方法は、世界の社会主義運動を高揚させるためのものでしたが、別の側面から見れば、思想の独占、マルクス主義に対する異論を、有無をいわさず圧殺する試みだったともいえるのです。ＭＥＧＡ版[*10]やＷＥＲＫＥ版[*11]という全集や著作集の刊行は、ソ連社会主義というよりもソ連社会主義的帝国主義の発想から生まれたものであったともいえます。

だから国によっては、こうした著作集の翻訳をしないで独自に全集をつくる試みも行われました。日本でそうした努力が少なくとも戦後において、ほとんど見られなかったということは嘆かわしい事実でもあります。

スターリン主義とマルクス主義は同じではない

すでにソ連が反革命に入っていたとすれば、その後起こった中国や東欧の革命、そしてアジア、アフリカでの革命とは何であったのでしょうか。もちろんこれをまったく一緒に扱うことはできませんし、たとえ反革命であったとしても、ソ連が成し遂げたことをすべて否定することはできません。

本来の社会主義の姿ではなかったとしても、社会主義の姿はとどめていた。トロツキーは、亡命したことですべてを否定的に捉《とら》えていますが、実際にはそうでなかったことは確かです。ソ連・東欧を外から見る場合と中から見る場合には違いがあります。スターリンの独裁政治や政治的解放の不足は問題であるとしても、社会的革命がある程度実現されたことは間違いないのです。

失業、貧困、医療対策などは、目覚しいものがありました。それは資本主義国にも大きな影響を残しているのです。社会革命がなぜ政治革命になっていないのかを議論することにも大きな意味がありますが、社会革命が成し遂げた事実を否定することはできません。

少なくとも戦後ソ連・東欧の影響は強く、革命運動はアジア・アフリカに波及していきました。スターリン主義と社会主義、そしてマルクス主義も同居しているのですが、スターリン主義が怖いあまり、一緒に社会主義まで捨ててしまうというのはおろかでしょう。しかし実際ハンガリー動乱のあと、多くの人々がスターリン主義を捨てると同様に、共産主義、そしてマルクス主義も捨てました。ベンサイドはこう書いています。

「どれほど多くのかつての熱心なスターリニストが、スターリニズムと共産主義とを区別することができずに、スターリニストであることをやめた時に共産主義者であることをもやめ、転向者の熱心さをもって自由の大義に加わっていることだろうか？」(ダニエル・ベンサイド『21世紀マルクス主義の模索』湯川順夫訳、柘植書房新社、二〇一一年、四四頁)

フランス革命史研究で有名なフランソワ・フュレはその典型的な人物ですが、彼は自由の擁護者になっています。スターリン主義はなるほど革命後のソ連で生まれたものですが、それとマルクス主義は同じものではありません。なぜならマルクスは政治的無関心と独裁の可能性をあれほど恐れていたのですから。

＊1　ケレンスキー　Aleksandr Fyodorovich Kerensky　一八八一―一九七〇。帝政ロシアの政治家。弁護士から国会議員となり、二月革命では国会臨時委員会委員とペトログラード労働者代表ソヴィエト（評議会）副議長、法相を兼ね入閣した。陸海相に転じたのち、前線の進撃で国内危機を転換させようとしたが失敗し、ボリシェヴィキを地下に追い込むとともに再度内閣改造を試み、自ら首相となった。十月革命で打倒され西欧へ亡命した。

＊2　ブランキズム　ブランキ（一八〇五―八一）の思想に由来する一揆主義のこと。プッチズムともいう。客観的条件を考慮せず、少数集団による直接行動を経て権力奪取を企図する思想と行動を意味する。

＊3　プレオブラジェンスキー　Evgenii Alekseevich Preobrazhenskii　一八八六―一九三七。ソ連邦の政治家で経済学者。一九〇三年以来の共産党党員。労働組合論争でトロツキー派についたため、二一年の党大会では中央委員に再選されず、以後主として経済畑で活動した。二七年に反対派として党を除名され、以後粛清された。主著に『新しい経済』（一九二六年）がある。

＊4　ブハーリン　Nikolai Ivanovich Bukharin　一八八八―一九三八。ソ連邦の政治家。一九〇五年にロシア社会民主労働党に入党し、ボリシェヴィキに属す。一一年に投獄され、流刑地から脱走してヨーロ

ッパへ渡りウィーン大学で経済学を学んだ。次第に理論家として亡命ボリシェヴィキの中で頭角を現し、『過渡期の経済学』（一九二〇年）を書いた。三八年、公開裁判により日独の「ファシストの手先」として粛清された。

＊5　世界同時革命　一九世紀後半から二〇世紀前半にかけ、共産主義者により唱えられた、世界的・国際的規模で共産主義革命を進めていこうとする思想のこと。永続（永久）革命論とも呼ばれる。

＊6　テルミドールの反動　テルミドール九日（一七九四年七月二七日）のクーデター。ジャコバン派が倒れ、ロベスピエールは処刑された。テルミドールとは革命暦の「熱月」の意。

＊7　クロンシュタットの反乱　一九二一年三月、ソヴィエト海軍バルティック艦隊の基地クロンシュタットで起こった水兵たちによる政府への反乱。背景には二〇年末に内戦が基本的に終わったにもかかわらず戦時体制を続けたソヴィエト政府に対する不満がある。三月一日のクロンシュタット・ソヴィエト大会は、共産党幹部を逮捕し、臨時革命委員会を設置した。

＊8　ダントン　Georges Jacques Danton　一七五九―九四。フランスの政治家。フランス革命時のジャコバン派の指導者の一人で、ジロンド派を攻撃した。のちエベール派を批判する一方、恐怖政治の緩和を主張したためロベスピエールと対立、断頭台で処刑された。

＊9　エベール　Jacques René Hébert　一七五七―九四。フランスの政治家、ジャーナリスト。裕福な家に生まれたが零落し、パリに出てフランス革命まで困窮生活を送る。革命後、大衆新聞を創刊し、パリ民衆を指導した。その急進性のためロベスピエール派と対立し、のちサン・ジュストの告発で逮捕され処刑された。

＊10　MEGA版　Marx-Engels Gesamtausgabe の頭字語。『マルクス＝エンゲルス全集』。最初のMEGAは「旧MEGA」と呼ばれる。一九二七年から全四二巻の予定で刊行され始めたが、実際には全一三巻で、一九三五年に終わった。一九七五年から刊行された新しいMEGAは「新MEGA」と呼ばれ、現在も刊行中。

＊11　WERKE版　東ドイツのディーツ社で一九五六年から刊行が始まり、一九六八年に全四〇巻で終結した学習版選集（最終的には四三巻に）。日本では大月書店から『マルクス＝エンゲルス全集』として刊行された。

第五章　新自由主義と結合した「革命」

第一節　個人と集団の問題

意識の哲学からマルクスを読み解く

革命という言葉が社会主義革命、共産主義革命という意味を失ったのはいつごろからでしょうか。ロシア革命に熱狂していた時代にも、冷めてこの革命を見ていたものが少なからずいたことも確かです。革命の熱狂が引き起こした、ある種の革命への過信というものをフランソワ・フュレは批判し、それは革命ではなかったと断定します。

「それゆえ、ソ連とソヴィエト帝国の内部で発生し、次いでいくつものコミュニズム体制の終焉に通じることになった一連の出来事に、《革命》という名称を冠することほど不正確なことは何もないように思われる」（フランソワ・フュレ『幻想の過去―20世紀の全体主義』楠瀬正浩訳、バジリコ、二〇〇七年、一一頁）

初めからボリシェヴィキに対して批判的立場にいたドイツ社会民主党は別として、多くの社会主義政党は、ロシア革命に翻弄《ほんろう》されました。ジョン・リード[*1]の『世界をゆるがした十日間』をはじめとして、多くのソ連訪問者による、理想的社会主義像ができあがっていきます。アメリカ人、イギリス人を問わず、日本人の中にもそういう人々がいたことは確かです。しかし、レーニンの死後スターリン体制の確立とともに、粛清が始まり、次第に全体主義的、官僚主義的体制の成立に恐れを抱くようになります。まさに反革命のときですが、フュレから見ると、革命それ自体が存在しない以上、ロシア革命自体が反革命となるかもしれません。彼は、革命は何も残さなかったというのですから。

とりわけ唯物論的思想に対抗する意味でのベルクソン的、フッサール的思想の伝統があるフランスやドイツにおいては、マルクス主義の思想的問題として、ソ連を批判する動きが強くなります。西欧マルクス主義につらなる伝統として、二〇世紀初めに起こった意識の哲学の時代が重要です。合理主義的に世界を理解することによって狭められていった、人間の意識の自由をどこで取り戻すか。これが一九世紀後半の哲学的課題になったのですが、マルクス主義が経済的下部構造に対する反映としての意識を説明すればするほど、意識の自由という問題意識が深まっていきます。その問題は、マルセル[*2]やアラン[*3]といった哲学者の中で培われていきます。

こうした流れを受けた人物をあげるとすれば、ポール・リクールとシモーヌ・ヴェーユなどがあげられるでしょう。二人とも、このマルセルやアランの薫陶を受けているのですが、一方で当然ながらマルクス主義の影響も受けています。その結果、二人は徹底した意識の哲学という側面からマルクスを読み解こうとしています。

第二次大戦中亡くなったシモーヌ・ヴェーユは、ソ連の共産主義が陥った全体主義的支配をつねに批判しながら、その原因を党による上からの命令、その基本になる徹底した合理主義とそこから帰結される絶対的真理という発想に求めました。働く労働者は、党の幹部の意識とは違った世界に生きています。彼らは労働の現場で、さまざまな非合理的な問題に直面し、悩み苦しみながらその問題を解いているのです。これは党の命令と逆行する可能性を秘めています。ヴェーユは、個人の意識の自由の問題をアランやマルセルから受け取っているのです。

生産力の悪魔に魅入られた集団

シモーヌ・ヴェーユはパリ高等師範学校を卒業したエリートとしての立場をかなぐり捨て、工場労働者の世界に入っていきます。思考ではなく、労働の中で考える。それはまさに民衆の世界の思考となり、労働者の問題を共産主義者の問題とは別に考える思考をつくりだします。次の文章は、労働者の世界の実情について彼女がたどり着いた意見であり、まさに真っ当な意見ともいえます。

「素人は科学の方法ではなく成果にしか近づけない。吸収できないので信頼するしかないというわけだ。『科学的社会主義』もまた少数者の占有物にとどまる。不幸にして『知識人』もまた、労働運動の内部にあって、ブルジョワ社会におけると同様の特権を有する」（シモーヌ・ヴェイユ『自由と社会的抑圧』冨原眞弓訳、岩波文庫、二〇〇五年、一六頁）

大衆は共産主義者や知識人の言葉が理解できません。あくまでいっていることの表面、すなわちイデオロギー的標語としてしか理解できません。しかし逆にいえば、その標語自体の中にまったく別の意味を読み込みます。これは次のところで説明しますが、ヴェーユはマルクス主義者の思想の中に、生産力の悪魔に魅入られた集団を見ています。それは、社会主義こそもっとも物質的に豊かな社会であるという発想です。

しかし、豊かになるためには、社会主義においても資本主義と同様に労働が強化されるなら、なんでそんな社会をあえて求めなければならないのかという疑問が生じます。ヴェーユは労働者の出身ではありませんし、過酷な労働をしたといえども、頭に抱えた持病と持ち前の頑固さから、せいぜい労働を続けたのも一年で、はたしてどれほど労働者のことが理解できていたかはわかりません。しかし、彼女がいいたいことは理解できます。

もちろん、マルクス主義者と違い、マルクス自身は生産力への信仰こそ資本主義が生み出したものだと述べているのですが、マルクス主義者たちが他国に勝つために生産力を高めようとしなければならなかったことは確かです。ロシアのような後進国に革命が起こったことの悲惨はまさにそこにありました。スターリン主義は、一方でそうした社会に生まれた鬼子ともいえるのです。

「唯一の不幸は、マルクス自身も認めていたように、（中略）革命は自国の労働者大衆を搾取し抑圧する必要を消滅させるどころか、自国が他国よりも弱体であることを怖れるがゆえに、むしろ以前にもまして強化する。このことをロシア革命の歴史は痛ましくも例証した」（前掲書、一四―一七頁）

「われわれが革命に求めるのは、社会的抑圧の廃絶である」（前掲書、三六頁）

ヴェーユはこのように述べることで、抑圧を経済構造から切り離して分析すべきであると主張します。人間の人間に対する抑圧構造の廃棄のために、人間自身を変革しなければなりませんが、そのためにも抑圧の構造がわかっていなければならないというわけです。人間に対する抑圧とは、スピノザが『エチカ』の中で述べた人間を苦しめる悲しみであり、具体的には傲慢《ごうまん》、虚栄、卑下、優越感など、人々が他人に対して強いる抑圧です。この分析をマルクスはしていない。なるほど具体的にはなにも書いていません。

人間が社会的動物であることで生まれる集団社会が、人間個人を逆に抑圧してしまう。もちろん、人間個人という概念それ自体が、歴史的概念であるとしても、集団は共同体であろうと重石《おもし》になる。集団は人間にとっての必然でありながらも、一方では主体性のない無意志の奇妙な機械として人間個人を抑圧します。

ヴェーユの個人の解放の問題は、後に国家権力、共同体権力、社会的なものに対する抵抗の問題として出現します。加えて、ある個人の解放がほかの個人の抑圧を導き出すという点においてこの問題は自由と平等という、まさに本書の第一章で問題にしたことに帰ってくることなのです。

第二節　革命の中に人間の意志を見る

イデオロギーの積極的側面

二〇世紀初期に問題になっていた議論に、イデオロギーと科学、ユートピアとの関係があります。共産主義者が批判するブルジョワ・イデオロギーが、体制を支配しているブルジョワ階級の力を表現している思想であることは当然です。そして、それが労働者の思想を支配していて、それゆえに労働者の革命への参加を困難にさせているという発想は、マルクス主義者がよく使う議論でもあります。

確かにそうした側面がイデオロギーにあることは否定できません。しかし、人間がそんなにやすやすとイデオロギーに支配されているというわけでもありません。人間の生きる知恵が、イデオロギーといわれるものをかえって受け入れさせているというのも事実です。「長いものには巻かれよ」という言葉は、まさに弱いものの知恵であり、現実を乗り切る武器でもあります。

イデオロギーは真実をゆがめる歪《ゆが》みのことですが、マルクスは『ドイツ・イデオロギー』の中で、現実を顧みず空想を弄する輩《やから》を批判しています。イデオロギーを克服するには、人間が生身の人間として実践活動を行うしかないというわけです。

しかし、人間世界はイデオロギーといった歪みなくして、現実的には何も把握できないことも確かです。これはイデオロギーというよりも、それが表現しているある種の象徴という作用です。だからこそ、リクールの講義録『イデオロギーとユートピア』の次の言葉は、いいところをついているといえます。

「社会生活がシンボル的構造を持っていなければ、われわれがいかにして生活し、ものごとを行ない、これらの活動を諸観念のなかに投影しているかを理解する手段はいっさいなく、また、現実がいかにして一つの観念となるのか、あるいは、現実の生活がいかにして幻影を生み出すことができるのかを理解する手段もないことになる。そうなれば、そうした幻影はすべて神話的で不可解な出来事でしかない、ということになろう。こうしたシンボル的構造は、マルクスが示したように、まさしく階級の利害などによって歪められることもありうる。しかし、もっとも原始的な行動のなかでさえすでに働いているシンボル的構造がなかったならば、私には、現実がこうした種類のさまざまな影を生み出しているのはいかにしてかを理解できない」（ポール・リクール『イデオロギーとユートピア』川﨑惣一訳、新曜社、二〇一一年、五四頁）

人間が合理化していることは、すべからく歪みの上にしかなりたっていないということは間違いありません。言語というものは、あることを表現する象徴ですが、その象徴は真実を表現しているわけではありません。いや真実は、象徴によって表現されるのであり、永遠に真実には至らないということもあります。

だから、イデオロギーを批判する理論もイデオロギーとなり、イデオロギーではない理論などないことになります。リクールは積極的にシンボル効果としてのイデオロギーを見てみようではないかというのですが、これは先のヴェーユの考えと似ている部分がありま す。知識人やマルクス主義者が批判していることは、イデオロギーを乗り越えた真実のようにみえますが、これもイデオロギーだといえないことはない。働く労働者はまさに、このことを知恵として知っているのだとしたら、それでは革命は生まれません。

これは形式と本質の問題としても展開できるかもしれません。学歴や顔といったものは形式にすぎず、真の人間などあらわしていないと人はいいます。確かにそれはそうですが、形式的に学校で勉強したことによって得た知識、人の良さそうな顔がつくりだしている安心感などがあります。形式がすべてではないとしても、それがもつ重みはある。形式には真実が含まれている。だから人間は形式、すなわち保守的、伝統的な儀式を守ってきた。これは保守的思想であるともいえるし、真実を示すものといえないこともないわけです。

リクールはマルクスの思想の中に、むしろ人間の意志、イデオロギーの積極的側面を読み取ろうというのです。

アルチュセールとリクールの論争

リクールとまったく違う立場で考えたのが、マルクス主義者ルイ・アルチュセールです。二人の対決は、一九五二年に開催された歴史家と哲学者との会議に始まっています。リクールは、そこで「歴史における主体性と客観性」という報告を行い、翌年『哲学教育雑誌』にその講演録は掲載されます。アルチュセールはそれに対し、二年後に「歴史の客観性について　ポール・リクールへの手紙」（『マキャヴェリの孤独』福井和美訳、藤原書店、二〇〇一年に所収）という論文を同雑誌に掲載し、批判します。

二人の意見の違いはこうでした。レイモン・アロン[*4]という学者が歴史は科学ではないと主張をした事に対して、リクールは、歴史は科学たりうる根拠として歴史家の良き意志の問題を主張します。アルチュセールは、そうした良き意志といった主観的な考えに対し、歴史は客観的科学たりうるのだと主張したのです。この問題は、歴史はそれに参加する人間によって変化するものか、歴史の解釈もそれに関係する人間によって変化するものかどうかという点にあります。それらを抜きにして、歴史科学というものが成り立つのかという問題です。

アルチュセールもリクールも、自伝の類《たぐい》の中でこの対決にはほとんど触れていませんが、二人のライヴァル意識は相当のものであったことは確かでしょう、なぜなら、この二人の理論的対立はフランス現代哲学の対立そのものであり、マルクス主義の解釈の対立そのものでもあったからです。すなわち人間の意志を問題にする哲学と、意志を超えた社会的構造を問題にする構造主義との対立の問題です。

アルチュセールは、一九六六年六月の「哲学の状況とマルクス主義の理論研究」（『哲学・政治著作集Ⅱ』市田良彦他訳、藤原書店、一九九九年に所収）の中でフランス哲学の伝統を総括し、デカルト回帰、すなわち意志の哲学への動きがあることを指摘し、その主要人物としてリクールをあげています。そしてマルクス主義は、こうした哲学ではなく、科学なのだと主張しているのです。

リクールの一〇年越しの反撃は、パリ第一〇大学の学長を辞任した後、アメリカで始まります。一九七五年のシカゴ大学での講義がそれであり、『イデオロギーとユートピア』という書物は、それをまとめたものです。英語で出版されたのは一九八〇年のアルチュセールの妻殺害事件以後であり、フランス語での出版もその死後であったため、ある意味後者による反批判はありえなかったのです。

アルチュセールは、後期マルクスからイデオロギーと対立するのは実践ではなく科学であると述べ、イデオロギーよりも科学の意味を強調します。リクールは、逆にマルクスにとってイデオロギーと対立しているのはユートピアであり、イデオロギーには積極的側面があると主張するのです。リクールは、マルクスの思想は一貫していて、マルクスは徹底して個人の意志を問題にした思想家であったというのです。

二人の人生はまったく対照的です。二人とも大戦中は長い抑留生活を送ったのですが、リクールがフッサール*5の書物と出会ったのに対して、アルチュセールはフォイエルバッハ*6

の書物に出会います。リクールがアラン、マルセル的意志の哲学を継承するのに対し、アルチュセールは構造主義の哲学を信奉します。

まさに二人の思想の違いは、革命のなかに人間の意志を見るかどうか、その意志があるとすれば、それは自由や平等という概念とどう向かい合うかという点の違いとなって表れます。社会構造の変革だけが革命であれば、人間の自由や意志は捻《ね》じ曲げられてしまいます。しかし、たとえブルジョワ的意識であるといわれようとも、そこに人間本来の意志がありえないのかどうか、それはヴェーユが語りかけたものでもあります。革命とはあらゆる抑圧からの解放ならば、そこに人間の意志の問題が登場せざるをえないわけです。

第三節　新自由主義と合流する革命論

社会主義革命への失望

二〇世紀前半が革命の時代ならば、後半はそれに対する反動の時代だといってもいいかもしれません。革命がある意味初々しさを失い、理想や希望を失い、たんなる社会主義対資本主義という権力の対立構造になったときに、不幸は訪れます。スターリン体制、東欧、中国の社会主義はほぼ革命精神を失い、革命という美名のなかで、官僚支配と共産党権力支配の世界となり、息苦しい世界に変貌《へんぼう》していったわけです。

なるほど世界の三分の一が社会主義圏に住むと称される時代がきたことはきたのですが、それはトロツキーやレーニンが望んだような世界革命ではありませんでした。第二次大戦のドサクサのなか、植民地解放闘争のなかから生まれたもので、そのすべてが先進資本主義国の革命ではなかったのです。東欧、中国など、すべてが世界資本主義の半周辺、または周辺に起こったもので、ひとつとして先進国での革命は存在しませんでした。

資本主義社会の中心国、米国、イギリス、フランスといった国々は資本と技術によって、そうした国々に対して徹底した包囲網をかけてきます。冷戦といわれる構造はそうした包囲網を意味しますが、半周辺、周辺はそれに対抗することが次第にできなくなってきます。

そんななか、スターリン独裁による悲惨なソ連の現状が暴露され、ハンガリー動乱[*7]などの東欧での批判が出てくるなか、ロシア革命への疑義が生まれます。

これまで見てきたように、本来は民衆の意志が展開するような下からの力があり、それを共産主義者が組織するというのがマルクスの考えた革命でした。しかし、実際には一部の共産主義者の権力掌握と独裁を生み出してしまったのです。

一九六〇年代のベトナム戦争など東西冷戦の中、もはやソ連、東欧、中国への革命の信頼は揺らぎます。マルクス主義でも、スターリン体制の中では批判されてきたトロツキーやローザ・ルクセンブルク、[*8]グラムシ[*9]などに対する研究が進み、革命という概念が大きく変化していきます。キューバ革命とゲヴァラ、[*10]カストロ[*11]への期待が最後のものであったかもしれません。

日常的生活に楔をいれる

こうした変化の象徴的な出来事が、五月革命です。五月革命に対する考え方はいろいろありますが、アンリ・ルフェーヴル的な考え、すなわちパリ・コミューンの延長線上で五月革命を見ると、問題がよく理解できるかと思われます。もちろん、この闘争が、反資本主義闘争だったことも間違いありません、しかし、だからといってそれがソ連・東欧への追随的闘争であったともいえないわけです。

私が学生時代に読んだ本にルフェーヴルの『「五月革命」論―突入―ナンテールから絶頂へ』（森本和夫訳、筑摩書房、一九六九年。仏題は『ナンテール突入』）という書物がありますす。この書物は、五月革命のきっかけとなったパリ大学ナンテール校（パリ第一〇大学[*12]）

に勤務していたルフェーヴルが書いたものです。

この本は、サボタージュ論に特徴があるといっていいかもしれません。サボタージュという概念は、今ではストライキ中に破壊的活動をするといった概念にまでフランスでも変化していますが、資本主義経済に楔《くさび》をいれること、いわば日常的生活に楔をいれることに特徴があります。

ルフェーヴルは、日常生活というものを取り上げますが、これは後に空間論と言われる分野をつくっています。日常生活は、空間の支配という中に組み込まれています。私たちが住んでいる住居は、一九世紀の資本主義社会がつくりあげた構造を基本モデルとしています。それは何度も本書で繰り返しています、中央と半周辺、周辺という構造です。

都市内部のスラムがやがて取り除かれ、郊外へと移動していく。そして都市の中心部と周辺部に大きな相異が生まれていく。もちろんこれも単純に放射線上ではなく、北半球だと東側の郊外は周辺部になりますが、逆に西側は中心部を形成していきます。パリ・コミューンのとき、共和国政府軍が西側から入ってきて、東側ではペール・ラシェーズ[*13]でコミューン軍を殲滅《せんめつ》したというのは、まさにこうした空間構造を象徴しています。

パリ第一〇大学は高層建築群が立ち並び始めたデファンス地区にあります。パリ市内の大学の、古い威厳ある石造り建物と違い、鉄筋コンクリートの安普請の無味乾燥な建物です。

まさに五月革命の火はこうした場所から起こりました。レーニン的にいえば、この場所は半周辺部です。もちろんその動きは五月のゼネストへ向けた過程の始まりにすぎませんが、このことから、この闘争は周辺、半周辺部による中心の奪還闘争だともいえます。それはパリ・コミューンを彷彿《ほうふつ》させるものです。日常性へ亀裂《きれつ》をいれることで、資本主義的日常空間を略奪するということ、これはパリ・コミューンに見られた革命論に近いものだからです。

なるほど五月革命はド・ゴール[*14]政権を崩壊させ、一応の帰結を見ました。しかし、政権をとるという革命ではない。おそらく参加した人々の意識の中には、旧来の政権奪取という考え方をもった人々もいたでしょうが、一種の非日常性の空間の創出だったといえないことはありません。

ソシアビリテとカーニヴァル

こうした革命の空間は、謝肉祭の空間と似てなくもありません。実際、お祭り騒ぎであるカーニヴァル自体が暴動となり、蜂起《ほうき》となる場合が多々あります。祭りと反乱という関係ですが、無目的ではあるが、情熱的な運動が革命をつくりだす。都市における蜂起は、こうした可能性をもっていたともいえます。

一八四八年革命の研究では、労働者の集まるカフェや読書クラブの中から革命の空間ソシアビリテ（社会性）が出てきて、それが革命につながったのだという研究もあります。喜安朗は『パリの聖月曜日』（平凡社）で、当時月曜日に休んでいた労働者が、城壁外での酒宴からしばしば騒乱を起こしたことを指摘しています。カーニヴァル以外でも、巡礼やなにか大きなデモ行進が行われると、それが一触即発になる。

もちろんこうした蜂起は、多くの場合それだけに終わることも確かです。トロツキーは、歴史家が最近あまりにもこうしたカーニヴァル的色彩空間に関心を持ちすぎていると批判していました。蜂起から革命へというトロツキーらしい発想ですが、こうした騒乱は結局体制を揺るがすことはないわけです。

「鍛冶工が素手で灼熱した鉄をつかむことができないのと同じように、プロレタリアートも素手で権力を奪取することはできない。（中略）公式の歴史家、少なくとも民主主義的な歴史家は、自然発生的な蜂起のほうは旧体制がその責めを負うべき不可避な災いとして好意的に受けいれようとする。寛容さの真の理由は、『自然発生的』な蜂起はブルジョア体制の枠からはみだしえないという点にある」（トロツキー『ロシア革命史〈5〉』藤井一行訳、岩波文庫、二〇〇一年、二四頁）

とはいえ、無政府的な組織されていない運動は、最近突如として起こる場合があり、革命の可能性という点で捨てがたいものではありません。もっとも、それがある意味、権力のいわばガス抜き作用であるとすれば問題です。しかも、それが国家権力に対する個人の自由を求めるだけのものであるとすれば、いつのまにかそれは新自由主義と合流する可能性を秘めています。

資本は儲からなくなると国家主義的になる

五月革命の思想の参加者、とりわけパリ高等師範学校の毛沢東主義者*15は、やがて新自由主義の流れと合流していきました。その一〇年後、五月革命は洗練された資本主義への始まりを告げるものだったという言葉で説明されるようになります。そこでは、社会主義への可能性や新しい未来社会への可能性など議論されず、生産から消費に移る高度な文明社会へと進む過程での不満の爆発だったという見解の出現です。

この見解は、国家を超えた資本主義の自由な運動や国家という組織を超えた人々の自由な運動という点で、フュレやモナ・オズーフ[16]などのフランス革命史の新しい解釈の問題と合流し、ポストモダニズム、そして新自由主義の大きな潮流となっていきます。

グローバルな市場が拡大していくなかで、次第に国家という縛りを解きたくなった資本が、国家の外へその市場を求め始めます。もちろん、一九世紀の帝国主義時代がそれであったのですが、大きな違いは資本のみならず、工場や人間の移動もあることです。国境が自由に開放されたことで、もっとも安い労働力を手にいれ、もっとも安い商品を売る。そのために工場が移転し、外国人がどんどん流入する（そうでなければ賃金が下がる）のです。そして資本は国籍を表面上喪失し、国際資本になり、資本家の集団は国家を超えた世界におけるブルジョワ層となり、労働者も国家を超えた労働者になるのです。もちろん後者の方は、先進国の労働者の場合、低賃金労働者になることを意味していますが。

すでにエルネスト・マンデル[17]が一九六〇年代のヨーロッパの資本主義を称して「後期資本主義」と述べていました。それはスタグフレーションという長期停滞とインフレにあえぐヨーロッパの資本主義を意味していました。

資本主義はマルクスが予想したとおり、国境なき資本主義へと変貌していきます。ただし、マルクスも述べていることなのですが、資本は儲《もう》けるときはコスモポリタンで博愛的なのですが、儲からなくなると、途端に国家にすがり国家主義的になります。

一九三〇年代には革命は終わっていた

フランソワ・フュレは一九八九年、フランス革命二〇〇年祭の国際会議で、革命とはフランス革命だけで、それは自由への道を開いたことで人類史に残ると述べます。それは、フランス革命修正主義が勝利を収めるときであるとともに、ベルリンの壁が崩壊し、ソ連、東欧が崩壊するときです。

五月革命に参加した毛沢東主義者たちは、一九七〇年代末からソ連の収容所批判、人権批判に徹するようになっていて、ソ連批判を中心に展開します。その批判自体の正しさよりも、それが新自由主義の理論を正当化したことは間違いありません。おりからのレーガンとサッチャー政権によるソ連・東欧への借金攻勢とあいまって、次第に先進資本主義はソ連を再び資本主義の半周辺の位置へと引きもどし始めます。人権擁護と自由万歳という大義名分は、一方でソ連・東欧といった新市場の開拓（低賃金労働力市場、消費市場として）のための装置として機能し、ソ連・東欧は内部からの自壊、外部からの攻勢によって消滅します。

言い訳じみていると思われるかもしれませんが、すでにトロツキーもレーニンも、先進資本主義国の助けがなければ、ロシア革命は失敗に終わると述べていました。事実すでに一九三〇年代には革命は終わっていたのであり、その残骸《ざんがい》が社会主義国家として六〇年続いたということかもしれません。

こうなると、革命はもはや社会主義などへの革命ではなく、自由と人権への革命だということになります。そうだとするとフランス革命は歴史にその名を刻み、ロシア革命などは消滅する。フュレが小躍りしたくなるのは当然です。

第四節　新自由主義の「革命」

市場開拓戦争

確かに一九九〇年代にはそう見えました。革命という言葉は、資本主義国となることを意味し、資本主義とは民主主義であり、社会主義は全体主義であるという規定が次第に流布されていきます。

しかし、資本主義の矛盾の問題は実は解決されたわけではなかったのです。一時的にソ連・東欧の崩壊、中国の資本主義化で、一気に自由主義が拡大します。これによって低賃金でつくられた製品が世界に蔓延《まんえん》します。そして工場移転によって半周辺国、周辺国は突如として経済成長します。一方で、先進国では工場移転による空洞化、賃金の低落化が起こり、中産階級の崩壊という現象が次第に起きてきます。中産階級という意識をもった国民が先進国で多かったのは、皮肉なことですが、ソ連・東欧の崩壊よりも前のことです。崩壊以後は、むしろ貧困が再来し始めた。

もちろんこうした動きが地球をすべて飲み込んだわけではありません。資本は地球をすべて資本主義化することで徹底した収奪を行うのですが、まだすべての地域を資本主義化したわけではありません。これが新たな新自由主義の「革命」の呼び声をつくりだします。

もっともすでに地球の圧倒的に多くの地域を資本主義の半周辺、周辺に組み入れたことで、資本は一九七〇年代までの長期停滞を何とか抜け出る道を探すことができました。耐久消費財はもうかなり前から先進国では飽和状態でした。これを半周辺諸国で売ることができました。そして賃金引き下げの理由ともなる、価格の低い商品を半周辺、周辺で生産することで、賃金コストの引き下げも始まりました。ただ、これは逆に後進諸国へ技術移転を促進してしまい、先進国の発展が損なわれるという矛盾を抱えています。賃金が低くても耐久消費財を買えるようにするためには、先進資本主義国は後進諸国にありあまった資本を貸し付ける必要があります。工場建設と資本の貸付というダブル攻撃で、後進諸国は一気に発展します。しかし、そうなると、やがて消費財も売れなくなり、賃金も上昇せざるをえなくなり、資本は次なる周辺国を探すしかなくなります。

一九九〇年代は、産油国周辺の国家を資本主義に組み入れることで解決されねばならない問題でした。湾岸戦争、アフガン戦争はまさにそうした流れから起こった、新たな市場開拓戦争であったともいえます。

グローバル資本主義のバブルの中で芽生えた運動

こうした時代に革命運動は衰退し、国際的運動はオルターナティブ、すなわち資本主義ではないグローバルな社会を求める運動へと収斂《しゅうれん》していきます。ムンバイやポルトアレグレで開かれた世界社会フォーラムや、ＷＴＯに対するシアトルでの反対運動は、資本主義的グローバリゼーションを批判する運動でした。

運動は多彩であり、もはやマルクス主義的な資本主義批判というよりは、多様な運動の集合体といった運動が主流となり、グローバルな資本主義批判として、資本の横暴へ足かせをかけるという方向へと流れが進みます。

しかし、こうした運動もグローバル資本主義のバブルの中で芽生えた運動だったかもしれません。確かに日本を除く資本主義国は、一種の未来に付けを回すバブルによって驚くべき経済成長をとげていました。そうした運動によってむしろ人々は、ある意味ユーフォリアの中に生き、貧困が迫り来ること、資本主義がある意味限界を突破し始めたことに気づかないで時をすごしてきました。

二〇〇八年九月、リーマンショックが世界を震撼《しんかん》させたとき、多くの人はことの深刻さよりも、どうやったら経済が復活できるのかだけを考えました。その結果、国家が資本の損失を払う羽目に陥り、膨大な国債が発行され、現在は国家破綻《はたん》の危機を迎えています。もう一方で、中国やインドといった半周辺国に大量の資本が流れ、そこでバブルを引き起こし、もう一度好景気に沸こうとしてきました。しかし、国家破綻という危機が続く限り、信用は収縮し、景気は減退し、半周辺国の製品も売れなくなります。

こうして、国家破綻は次の危機を演出する可能性を呈し始めてきているわけです。

理論的には合っているネグリの革命論

ネグリの革命論は、資本主義のバブルが生んだ革命論でもありました。それは、グローバリゼーションによって周辺国、半周辺国を完全に制覇した先進国連合、すなわち〈帝国〉は、巨大な世界国家アメリカという装置によって世界を支配し、巨利をむさぼり、世界中で無産階級を創出していくという図式が成り立ったからです。この無産階級はマルチチュード[*18]といわれますが、マルチチュードはプロレタリアだけではありません。今でも世界の圧倒的多数を占める貧しい人々はプロレタリアですらないわけです。彼らが〈帝国〉に対抗する運動を、リゾーム（根）状に展開し、世界は不安定になり、共産主義が生まれるだろうというものでした。その構想はおもしろく、また現実的にもあっていたのでネグリの『〈帝国〉』という本はよく読まれたものでした、グローバル化がそのまま進んでいれば、おそらく今でも説得力をもっていたでしょう。

しかし、リーマンショックによって世界はグローバル化を一時退け、一方で国家主義の台頭を引き起こしています。そうした中で、世界における国境を越えた戦いなどありえません。理論的には、おそらくネグリのいうとおりなのですが、現実がそうなることをさせなくしてしまったわけです。

先進国による周辺、半周辺国への組み替え

二〇一一年は東日本大震災の年であると同時に、北アフリカ、チュニジア、リビア、エジプトの独裁政権崩壊の年でもあります。このニュースが流れたとき、革命という言葉が躍りました。革命は独裁から自由を獲得することだと。それはフランス大革命からきています。

北アフリカではなるほど革命かもしれませんが、世界的にみれば、これはグローバル化のひとつといえます。一九〇〇年代から二〇〇〇年代初めまでのグローバル化は、〈帝国〉による徹底した軍事攻撃によって行われました。これらの国々が〈帝国〉へ反抗しているることが明確だったからです。

ところがエジプトのムバラク[*19]も、リビアのカダフィ[*20]も、今では先進国に対して反抗しているわけではありません。過去は別として、今では彼らは〈帝国〉に忠実な犬のような存在になっていたのです。ムバラクはアメリカの自由になる人物であったし、カダフィはさ

かんにヨーロッパに近づいてきていた人物です。そのまま生かしておいてもよかったのです。それでは、本当に民衆が人権と自由のためにこれらの政権を倒したのか。もちろんそれも間違っているわけではありません。

二〇〇七年、フランスのサルコジ[*21]大統領は地中海連合を立ち上げようとします。EUの周りの北アフリカ諸国による地中海連合をつくることで、EUの後背地を拡大しようということです。EUの後背地は今のところ、トルコ、ブルガリア、ルーマニアです。これらの国は、EUに入らないことで（やがていくつかの国は入りましたが）、工場が建設され利益を得ています。しかし、これらの国々はドイツには有利ですが、フランスには有利ではないのです。そこでサルコジはフランスの権益のために北アフリカ諸国に目をつけました。そうしてムバラクやカダフィと会い、北アフリカを自由貿易圏にしてEUの後背地にする。サルコジは原子力発電所、エアバス、TGVなどの輸出、建設をこれらの国で促進しようと考えます。

この運動に乗ったカダフィやムバラクのもとで、それまで閉じてきた経済が一気に開放されて行く可能性が生まれました。二〇〇七年一二月には、それまでかたくなに入国を拒否してきたフランスは、カダフィをパリに受け入れたのです。

ところが二〇一一年二月リビアで「革命」が起きたとき、毛沢東主義者で五月革命に参加した、サルコジのブレーンでもあるベルナール・アンリ＝レヴィ[*22]は、すぐに人権革命を擁護することをサルコジに示唆します。それに応じたサルコジは、国連の安保理で軍事介入の決議を要求します。レヴィは人権による革命、サルコジにとってはフランス経済の利権を確保することが大きな問題でした。

カダフィは二年ほど前まではサルコジの友人であったのですが、今は「革命軍」が友人となり、フランス資本の利権のためにフランス軍を動員し、革命軍を支援することが決定されます。カダフィが亡くなり混沌《こんとん》としているリビアですが、利権はフランスに来るものと思われます。リビア攻撃に対するアメリカの支持を受けるため、シリアの利権をアメリカに渡しました。それが新たなシリア内紛の問題となっています。

しかしサルコジの本当のねらいは、リビアではなくアルジェリアにあったと思われます。モロッコで王政打倒の運動が起きつつありましたが、モロッコが崩壊すれば、残りはアルジェリア戦争以来フランスと敵対しているアルジェリアだけとなります。こうして、モロッコからエジプトまでのＴＧＶが貫通し、フランスは大量の市場を獲得することになります。気が気でなかったのは同じＥＵの強国ドイツのメルケル首相で、フランスの地中海への接近を牽制《けんせい》する意味もあり、フランスと協調路線をとり、EUの崩壊を阻止しようとしていました。

アフリカのジャスミン革命は本当に革命であったのでしょうか。それとも新自由主義による市場開放だったのでしょうか。経済的な流れから言えば、グローバリゼーションに開発独裁国が飲み込まれた、といった方が真実であると思われます。

アジアでは一九八〇年代に起こったことです。開発独裁の国々の独裁者がつぎつぎに倒され、民主主義の革命が起こったといわれたことも、見方を変えると、先進国による周辺、半周辺国の組み替え（原料供出国から生産国、消費国への）であったのです。奴隷労働的な原料供出国の場合、開発独裁がいいのですが、消費国、生産国となるには国民の自由が必要です。こうしてアジアでも「革命」が起こったのですが、北アフリカの「革命」も流れは同じだったといえます。

しかし、人権という見方、すなわち一七八九年のフランス革命の人権宣言という見方からすると、これらの開放は革命といえるわけです。革命が未来を展望するとするならば、先進国にとっては意味のない革命であり、後進諸国にとっては意味のある革命かもしれません。もっとも、フランス革命以後の革命が存在しないとすれば、それは最後の革命かもしれません。

こうなると、残っている国は北朝鮮やイランなど少数となります。もちろん、サハラ砂漠周辺のアフリカはいまだに原料供出国の位置ですから、人権や「革命」などは問題になっていません。当面こうした動きをむしろ封殺されるでしょうが。

＊1　ジョン・リード　John Reed　一八八七―一九二〇。アメリカのジャーナリスト、詩人、作家、社会主義者。一九一三年から急進的な文芸誌『ザ・マッセズ』の編集に携わり、メキシコ革命の際は現地で革命家らと接し、寄稿した「反乱するメキシコ」で名声を得た。第一次大戦期には、ロシアの十月革命を体験し『世界をゆるがした十日間』を執筆。帰国後アメリカ共産主義労働党を結成。その後ロシアを再訪したが、モスクワでチフスのため客死。

＊2　マルセル　Gabriel Marcel　一八八九―一九七三。フランスの哲学者、カトリック思想家。アカデミックな位置はとらず、戯曲や省察風の論文を通し現代における生き方を追求し「現代のソクラテス」とも呼ばれた。主著に『形而上学的日記』『存在と所有』など。

＊3　アラン　Alain　一八六八―一九五一。フランスの哲学者、評論家。本名 Émile-Auguste Chartier。

リセ（高校）の教師をしながら、ルアンで「プロポ」と言われる短文式の論評の執筆を始める。哲学的には主知主義、政治的には平和主義、急進的共和主義者だった。独創的な美学論、文芸批評のほか人生論的な文章を多く残した。

＊4　レイモン・アロン　Raymond Claude Ferdinand Aron　一九〇五―八三。フランスのジャーナリスト、社会学者。相対的・多元的歴史哲学を説き、マルクス主義を批判。第二次大戦中はド・ゴールに協力した。学友だったサルトルとの論争でも知られる。

＊5　フッサール　Edmund Husserl　一八五九―一九三八。ドイツの哲学者。現象学の創始者。エポケー、間主観性の概念、理性主義革新の試みは人文社会科学全般に深い影響を及ぼした。主著『イデーン純粋現象学と現象学的哲学のための諸構想』。

＊6　フォイエルバッハ　Ludwig Andreas Feuerbach　一八〇四―七二。ドイツの哲学者。ヘーゲル左派。ヘーゲル批判から唯物論の立場に立ち、キリスト教を批判し、マルクス＝エンゲルスに影響を与えた。主著『キリスト教の本質』。

＊7　ハンガリー動乱　一九五六年一〇月にブダペストでのデモをきっかけに約二か月間続いた、ソ連支配に対する民衆の反乱。ソ連の徹底した軍事行動が行われ、多くの死者を出して反乱は鎮圧された。

＊8　ローザ・ルクセンブルク　Rosa Luxemburg　一八七〇―一九一九。ドイツおよびポーランドの革命家、マルクス主義理論家。ワルシャワの高校時代に社会主義運動に参加し、一八八九年チューリヒに逃れる。九四年、仲間とポーランド王国社会民主党を結成し、九八年市民権を得てベルリンに移り、ドイツ社会民主党に入党。『資本蓄積論』を執筆する。一九一九年、反革命暴力団に虐殺される。ドイツ

共産党の創立者の一人。主著『資本蓄積論』。

＊9　グラムシ　Antonio Gramsci　一八九一―一九三七。イタリアの革命家、思想家。一九二一年、イタリア共産党の創立に加わり、党のコミンテルン代表としてモスクワに滞在。その後起草したテーゼが原因で二六年ファシスト政府に逮捕される。獄中生活の間、病をおして執筆した「獄中ノート」で独創的なマルクス主義理論を展開した。釈放の決まった直後に死亡。

＊10　ゲヴァラ　Ernesto Che Guevara　一九二八―六七。ラテンアメリカの革命家、ゲリラ指導者。アルゼンチン生まれ。キューバ革命に参加し、カストロ政権の要職を歴任した。また農村部のゲリラ活動を軸とする革命戦術を理論化・唱導し、全世界に影響を与えた。その後ボリビアの革命運動に加わり、政府軍に殺された。チェ（Che）は愛称。

＊11　カストロ　Fidel Castro　一九二六―二〇一六。キューバの政治家。キューバ革命を指導し、ゲリラ戦により五九年にバティスタ政権を倒し、首相に就任。南北アメリカ初の社会主義国となった。ソ連崩壊により経済軍事援助が打ち切られ深刻な経済危機に見舞われたが、緊縮と観光客誘致で乗り切った。二〇〇八年高齢を理由に国家元首、国家評議会議長職と軍総司令官を退任、弟のラウル・カストロに譲った。

＊12　パリ大学ナンテール校（パリ第一〇大学）　ナンテールは、パリ西部の近郊都市でオー・ド・セーヌ県の県都。この地に一九六四年に新設されたのがパリ第一〇大学。一三あった旧パリ大学の一つで、ヴェルサイユ大学区に属す。通称、ナンテール大学。

＊13　ペール・ラシェーズ　パリ東部にある墓地。世界的著名人の墓が数多くあることで知られる。広さ

は約四三ヘクタールで、パリ最大の墓地。もともと一七世紀にジェズイット派の僧院が造られた土地で、ルイ一四世の聴聞告解師（懺悔を聞く役職）だったラシェーズ神父の名が、墓地の名称となった。

＊14　ド・ゴール　Charles André Joseph Marie de Gaulle　一八九〇―一九七〇。フランスの陸軍軍人、政治家。サン・シール陸軍士官学校を卒業し、第一次世界大戦ではほとんどをドイツ軍捕虜として過ごし、のち軍事理論研究に取り組む。大統領選出後の統治理念・手法は「ゴーリズム」と言われ、議会を軽視し国民投票を多用する一種のポピュリズムだった。

＊15　毛沢東主義者　中国の政治家・軍事指導者である毛沢東（一八九三―一九七六）の革命思想の影響を受けた人々のこと。農民と土地が主体の階級闘争、遊撃戦中心の戦略・戦術の軍事展開、広範な民衆に依拠する大衆路線を採用した革命が彼の思想の特徴だった。

＊16　モナ・オズーフ　Mona Ozouf　一九三一―。フランスの歴史家。一八世紀の思想、フランス革命、学校教育などについて専門研究を多数発表している。

＊17　エルネスト・マンデル　Ernest Mandel　一九二三―九五。ベルギーの経済学者。フランクフルト生まれ。第二次大戦中、レジスタンスに参加しナチスに捕らわれる。戦後、急進的マルクス主義の立場からトロツキストの第四インターナショナルの運動を指導。主著『現代マルクス経済学』。

＊18　マルチチュード　「群衆」の意。グローバル化された社会で、相互に結びついて変革の主体となる存在を指す。イタリアのアントニオ・ネグリらが提唱。

＊19　ムバラク　Muhammad Husnī Mubārak　一九二八―。エジプトの政治家、大統領。第四次中東戦争で功績をあげ、空軍元帥、副大統領などを経て一九八一年大統領となる。二〇〇五年まで五選を果た

すも、一一年一月、国内で大統領退陣や経済改革を求める動きが拡大するなかで辞任。一二年、裁判で終身刑を宣告された。

*20 **カダフィ** Mu'ammar al-Qadhdhāfī 一九四二—二〇一一。リビアの軍人、政治家。一九六九年、無血クーデターで軍事政権を樹立。革命評議会議長、軍司令官を兼任。八〇年代、欧米では国際テロリズムの資金提供者と見なされた。アラブ社会主義・石油ナショナリズムを推進したが、反体制派が決起し、NATO軍が介入したのち、逃亡中に殺害された。

*21 **サルコジ** Nicolas Sarkozy 一九五五—。フランスの政治家。父はハンガリーから移住。地方議員のかたわら弁護士となった後、一九八八年ド・ゴール派の共和国連合から国民議会議員に初当選。予算相、内相などを経て二〇〇七年に大統領に就任。しかしリーマンショックで世界経済が減速するなか手立てを打てず、一二年の大統領選でオランドに敗北。

*22 **ベルナール・アンリ゠レヴィ** Bernard-Henri Lévy 一九四八—。思想家、作家。アルジェリア生まれ。ジャック・デリダ、ルイ・アルチュセールに師事。『コンバ』紙のバングラデシュ特派員、母校の講師などを経て、一九七三年頃、フランソワ・ミッテランの専門家グループの一員となる。七七年、共産主義を批判した『人間の顔をした野蛮』で注目を浴びる。他の著書に『悪魔に導かれて』など。

終章　人間の新しい可能性を示す

『不平を言え』

二〇一一年暮れ、先進国で新たな運動が盛り上がりました。銀行や証券市場の周りの公園や都市の中心の広場などにテントを張って、そこに籠城《ろうじょう》するというものでした。広場占拠運動というものがそれです。各国のマスコミがそれらを報道したことで一挙に広がりました。しかし奇妙なのは、こうした運動に一部の資本家の資金が流れていることでした。ガス抜きなのか、それとも誘導された運動なのか。

それはそれとして、フランスのステファン・エセルという人物が書いた薄い書物『不平を言え』(邦訳『怒れ！憤れ！』村井章子訳、日経BP社、二〇一一年)が、世界中でベストセラーとなりました。四〇〇万部以上が売れたといいます。この人物は戦後『世界人権宣言』づくりに参加した人物で、人権の確立を求め不平を言え、ということをその書物で言っています。それがおりからの北アフリカの「革命」、そして広場占拠運動と呼応したのでしょうか。

人権について本書の序章で問題にしました。なぜ私的所有が人権を構成するのかという問題です。エセルの書物では、人権を無視した共産主義的革命運動は批判されています。

この書物の意図は、「良き資本主義を求めよ」ということと解釈してもいいような内容すら含んでいます。そうだとすれば、資本主義を批判する広場占拠運動に資本家の資金が流れているということも、なるほど理解できます。どうやら、これらの運動は良き資本主義を求めるということにすぎなかったようです。プルードンを批判したマルクスの言葉を借りるなら、良き資本主義などないというべきでしょうが、良き資本主義があるという発想は、リーマンショック以後、金融取引を監視しようという政策を掲げたサルコジにも言えます。サルコジは二〇〇七年、大統領になった当日にフランスの財界人を高級レストランに集め、選挙の労をねぎらい、彼らへのそのお返しを約束した大統領です。彼の政治資金を支えるのはスイスやリヒテンシュタインに口座のある、怪しい金融取引によって生まれた資金だといううわさがあります。その当人が良き資本主義を主張し、人権を語るというのは、まさに現代資本主義の病理の深さを証明しているのかもしれません。まさにマッチポンプとでもいうのでしょうか。エセルの書物も、サルコジのマッチポンプの役割を担っているとしか思えません。

人間の新しい可能性を示せるときが革命だ

イギリスの思想家ホロウェイの『革命　資本主義に亀裂を入れる』（河出書房新社）は原書が話題になった書物です。ホロウェイは、未来の革命ではなく、今の革命を求めると書いています。これほど堅固な要塞《ようさい》をどうやって崩壊させるのかといえば、亀裂《きれつ》を入れればいいということです。

「この本は一つの簡潔な解答を提起する。『資本主義に亀裂をいれよ』である。それを、やれるかぎりの多くのやり方で壊し、亀裂をなんとか拡げ増殖させ、合流させていくのだ」（ジョン・ホロウェイ『革命　資本主義に亀裂をいれる』高祖岩三郎、篠原雅武訳、河出書房新社、二〇一一年、二六頁）

ルフェーヴルの思想とよく似ていると思われます。資本による囲い込み、すなわち資本主義化に対して、反抗しろということです。そのためには資本主義的でないものをつくっていけばいいということになります。なるほど、言うはやすくで実現は困難です。資本主義が全面的な商品生産社会ならば、そうしたことをやってもソ連や東欧、中国で起こったのと同じように早晩、この商品化によって資本主義に再び取り込まれ崩壊していくでしょう。たんなる一夜の夢にすぎないかもしれません。

「資本の支配における無数の亀裂として、資本の命令がおよばない立ち入り禁止区域として、支配の網の目にある割れ目として理解することができよう。あるいはむしろこう理解できるかもしれない。資本が囲い込みの運動であるとしたら、コモンズは、少なくとも特定の地域に依拠しつつ断片的に共有の場をつくっていくこと、つまりは反対方向への運動、囲い込みの拒否である、というように」（前掲書、四七頁）

とはいえ、運動としてやってみるのもおもしろいでしょう。それはたんなるテレビや新聞の記事の材料になるだけかもしれませんが、それでもやってみる意味はあるかもしれないのです。祭りが革命の前哨戦《ぜんしょうせん》になったように、何がどう変わるかわからないからです。かつて、ジョゼ・ボヴェ*1のマクドナルド襲撃事件が大きな運動のうねりをつくったように、新しい運動の可能性が生まれるかもしれません。ブランキがいうように革命の意味よりも、手段を問題にする方に可能性があるかもしれません。しかし、無意味な暴動や蜂起《ほうき》では、長続きしないことも確かです。

多くの批判があるように、二〇世紀のロシア革命が生んだレーニン主義的革命は、権力を生み出しただけかもしれません。だからその反省をする必要はあります。それには、ホロウェイのような考えはおもしろい。しかし、民衆にそうした一揆《いっき》的革命は批判される可能性もあります。無目的なストライキや抗議行動は、一般民衆の批判を受けるものです。

それではやはり組織立った指導が必要なのでしょうか。いやそれ以上に、その前に経済的、社会的な現状の分析が欠かせないでしょう。トロツキーがブランキを批判したことの意味は、今でも間違っていません。政権奪取だけでは革命とはいえないのに、暴動、蜂起、一揆など、すべてが革命に見えてしまうのは、まさに状況の分析がないからであるといえます。状況が見えないために、新自由主義の方から攪乱《かくらん》的に暴動の資金が流れ続けるかもしれません。

すべての暴動は、それによって実現される社会が人間の新しい可能性を示せる場合にのみ、革命だといえるのです。その意味では、いまだに革命という言葉の意味はフランス革命、パリ・コミューン、そしてロシア革命にしかないといっていいでしょう。

＊1　ジョゼ・ボヴェ　José Bové　一九五三―。フランスの社会運動家、フランス農民同盟全国代表。反グローバルを唱え、サミットなど世界の主要国際会議への抗議活動を展開。一九九九年八月、南フランスで米国の強引な輸出入政策に反対した農民が建設中のマクドナルドを襲った「マクドナルド襲撃事件」の中心人物として世界に名を知られる。その後、器物損壊などの罪に問われ、最高裁にあたる破棄院で実刑が確定した。

おわりに

現代社会の問題は、もはやたんなる人権の問題ではない

現在、国家回帰現象の中で起きているもろもろの出来事は、民衆の自由意思による反発であると捉《とら》えることもできます。マスコミでは、ポピュリズムや大衆デマゴギーといわれていますが、これまでの既成の概念でとらえることはできないでしょう。イギリスで起きたEUからの離脱、またアメリカ合衆国で起きている大統領選挙についても、大方のマスコミはポピュリズム的発想で批判的に報道しています。しかし、問題は次の点にあります。

少なくともイギリスの場合だと、既成政党である労働党も保守党も、EU残留賛成であったのに否決されたという深刻な事態です。与党も野党も批判的であったEU離脱に民衆があえて投票したのだとすれば、政党政治はすでに崩壊したといわざるをえません。なぜそうした行動を取ったのかといえば、少なくともEUに残留することは、イギリス国民の政治的権利を奪われることだと多くの民衆が考えたからです。残留反対派は金融資本とう

まくやっているのは一部のエリートたちで、自分たちは利用されているのだ、政治家は民衆を裏切っているのだと考えたからかもしれません。

同じことはアメリカにもいえます。民主党のバーニー・サンダースが善戦したのは、彼が金融資本と結びついている民主党のエリートたちに批判的であったからです。共和党のトランプのアメリカ大統領選挙での勝利も、金融資本と結びついているほかの毛並みのいい候補に民衆が批判的であったことにあります。いずれも、民衆に直接訴えた。いいかえれば、民衆は既存の政党政治の嘘に気づいたということです。

こう考えると不思議な現象が見えてきます。民衆の声を吸収できているのは皮肉にも極右と極左だということです。フランスで人気があるマリーヌ・ル・ペンとジャン・リュック・メランションは、極右と極左です。その理由は、民衆の不満を彼らが一番よく吸収できているからです。しかし、二人とも従来の政党政治の本流から外れています。普通であれば大統領にはけっしてなれっこないでしょう。しかし、風向きが変わり始めており、何が起こるかわかりません。

民衆が既成政党に飽きたらないという世界的現象は、日本にも当てはまるかもしれません。東京都の知事選における小池百合子の場合です。こうした現象の根幹には、資本主義のシステムと結びついた既成政党の枠組みが、資本主義の変動とともに、変化を余儀なくされていることがあります。

フランス極右派の候補者マリーヌ・ル・ペンは、支持層拡大のために「見えざるものたち」（invisibles）という言葉を、二〇一二年の大統領選で使っていました。見えざるものとは、存在しているが人々が見逃している人々ということです。具体的にいえば、移民労働者や郊外に住む貧困層のことです。二〇〇七年の大統領選挙ではプレカリテ（précarité）、不安という言葉が議論になりました。

極右派の候補がこれを取り上げたことは、現代社会の抱える問題が、もはやたんなる人権の問題ではないことを意味しています。生きる権利、働く権利という基本的な権利が守られていないことへの怒り、それは現在の資本主義システムそのものへの疑問となって表れています。これまでのように機会の平等、自由な競争などと能天気なことをいっていられない時代になったともいえます。

見えないものをくみ取り、それを変えていく

リーマンショック以降、世界中でますます貧富の格差が広がっています。そして貧困層

も確実に増えている。もっともそうした貧困層の姿を実際に町で見かけるかというと、そうではありません。隠れてひっそりとしている。実際に存在すれども見えない。まるで透明人間のようです。こうした見えない人々を見るには、現実の社会の背後にある本質を見抜く必要があります。なぜなら、いかにも貧しいという姿をさらすことは、人々のプライドからいってありえないからです。真実を見抜くには、理論的に社会を見通すことが必要になってきます。

革命という言葉が意味するのは、現に見えているものを変革するということではなく、見えないものをくみ取り、それを変えていくということです。およそこれまでの革命、そして革命家の思想というものは、まさにそうした目に見えないものをいかに理解し、変えるかであったといってもいいものでした。変化が簡単にわかるものは、実は革命でもなんでもなく、たんに現状の追認にすぎなかった場合が多かったわけです。

私が本書で目指したものは、そうした目に見えないものを描きつつ、本来ありうべき姿を実現したいと望む思想を見ることでした。現実主義的な世界観からすれば、やや理想論的に見えるかもしれませんし、時代遅れであると見えるかもしれません。もう大きな革命などない。今の社会は永遠に続く、そう思いたい人々からすれば、まさに革命とは無駄なもののように見えるでしょう。

しかし、人類は人間の最低限の生活を保障できていないのです。一部の国や人々の豊かさは、結局他の人々の貧困の上に成り立っているとしたら、それを解決したいと思うのは当然だと思います。肉食動物の生存競争を見ながら、それが人間の世界だと主張するのが新自由主義的発想ですが、本当にそうなのでしょうか。

一人ひとりの豊かさが全員の豊かさに通じるものでなければ、一人ひとりも本当に豊かだとはいえないのではないでしょうか。今の社会がそうなっていないとすれば、それをどこかで変革しなければならないはずです。その意味で一八世紀、一九世紀の先人が考えた革命観はいまだ古びていないといえるのではないでしょうか。

簡単に実現できるものを望むことは革命の名に値しない

日本は二〇一一年に東日本大震災というとてつもなく大きな災害を体験しました。それによって、私たちの世界がお互いに密接につながっていることを図らずも自覚したはずです。一人ひとりの利益が他の人と深く関係していることは、原子力発電所のことを考えてみるだけでも理解できたはずです。都会に住む人々は、原子力発電所という危険な施設を地方に置くことで、地方を従属させていたのではないでしょうか。

資本主義がつねに中央と周辺をつくり、周辺を搾取していくというものである限り、こうした問題は変わらないでしょう。日本という国における中央・周辺の問題が解決しても、それは、世界における中央と周辺という形が存在する以上、解決されたことにはなりません。その意味でも、都市と農村との分離、中央と地方との対立といった問題についての革命の議論はいまだに終わっていないと思われます。

もちろん、簡単に解決されえる問題ではないことはわかっています。一人ひとりに人間が分離することで得られた満足を一方で維持しながら、他方で集団としての地域、国、世界にどうかかわっていくかは大きな問題です。考えるだけで実現できそうにもない問題かもしれません。しかし、それを望むこと、それがある意味で革命です。簡単に実現できるものを望むことは革命の名に値しない。その難問を将来の世代が担うためにも、先人に革命思想を学ぶべきなのです。

主要参考・引用文献

〈はじめに〉

ウィリアム・ペセック『ジャパナイゼーション』北村京子訳、作品社、二〇一六年

エティエンヌ・ド・ラ・ボエシ『自発的隷従論』西谷修監修、山上浩嗣訳、ちくま学芸文庫、二〇一三年

グスタフ・ランダウアー『レボルツィオーン』大窪一志訳、同時代社、二〇〇四年

Maris, Bernard, Marx, Ô Marx, Pourquoi m'as-tu abandonné?, Éditions Les Échappés, 2012.

〈序章〉

ハンナ・アレント『革命について』志水速雄訳、ちくま学芸文庫、一九九五年

遅塚忠躬『フランス革命を生きた「テロリスト」　ルカルパンティエの生涯』ＮＨＫブックス、二〇一一年

トロツキー『ロシア革命史〈5〉』藤井一行訳、岩波文庫、二〇〇一年

Les Révolutions dans l'histoire, Manière de voir, Le Monde diplomatique, No118, août-septembre

2011.
ゲルショム・ショーレム『サバタイ・ツヴィ伝—神秘のメシア　上下巻』石丸昭二訳、法政大学出版局、二〇〇九年
エルンスト・ブロッホ『希望の原理　第一巻』山下肇他訳、白水社、一九八二年
エーリッヒ・フロム『希望の革命』作田啓一、佐野哲郎訳、紀伊國屋書店、一九七〇年
シモーヌ・ヴェイユ『重力と恩寵』田辺保訳、ちくま学芸文庫、一九九五年

〈第一章〉

ピエール・プルードン「所有とは何か」『プルードンⅢ』長谷川進訳、アナキズム叢書、三一書房、一九七一年
マルクス「経済学・哲学草稿」『マルクス＝エンゲルス全集　第40巻』大内兵衛、細川嘉六監訳、大月書店、一九七五年
マルクス「『R・ルヴァスールの回想録』から」『マルクス＝エンゲルス全集　補巻1』大内兵衛、細川嘉六監訳、大月書店、一九八〇年
マルクス「フランスにおける内乱」『マルクス＝エンゲルス全集　第17巻』大内兵衛、細川嘉六監訳、大月書店、一九六六年
マルクス「ユダヤ人問題に寄せて」「ヘーゲル法哲学批判—序説」『新訳 初期マルクス』的場昭

弘訳、作品社、二〇一三年

〈第二章〉

アレクシス・ド・トクヴィル『旧体制と大革命』小山勉訳、ちくま学芸文庫、一九九八年
マルクス「フランスにおける階級闘争」『マルクス＝エンゲルス全集　第7巻』大内兵衛、細川嘉六監訳、大月書店、一九六一年
ハンナ・アレント『革命について』志水速雄訳、ちくま学芸文庫、一九九五年
フランソワ・フュレ『マルクスとフランス革命』今村仁司、今村真介訳、法政大学出版局、二〇〇八年
マルクス「ドイツ・イデオロギー」『マルクス＝エンゲルス全集　第3巻』大内兵衛、細川嘉六監訳、大月書店、一九六三年
マルクス「『プロイセン国王と社会改革――一プロイセン人』（『フォアヴェルツ！』第六〇号）にたいする批判的論評」『マルクス＝エンゲルス全集　第1巻』大内兵衛、細川嘉六監訳、大月書店、一九五九年

〈第三章〉

A・G・フランク『世界資本主義と低開発――収奪の《中枢―衛星》構造』大崎正治他訳、柘

植書房、一九七九年
サミール・アミーン『帝国主義と不均等発展』北沢正雄訳、第三書館、一九八一年
トロツキー『ロシア革命史〈5〉』藤井一行訳、岩波文庫、二〇〇一年
マルクス「フランスにおける階級闘争」『マルクス＝エンゲルス全集　第7巻』大内兵衛、細川嘉六監訳、大月書店、一九六一年
H・ルフェーヴル『パリ・コミューン（上）（下）』河野健二、柴田朝子、西川長夫訳、岩波文庫、二〇一一年
マルクス「共産党宣言」『新訳共産党宣言』的場昭弘訳、作品社、二〇一〇年
マルクス「フランスにおける内乱」『マルクス＝エンゲルス全集　第17巻』大内兵衛、細川嘉六監訳、大月書店、一九六六年
ダニエル・ベンサイド『21世紀マルクス主義の模索』湯川順夫訳、柘植書房新社、二〇一一年
マルクス「資本論　第一巻」『マルクス＝エンゲルス全集　第23巻b』大内兵衛、細川嘉六監訳、大月書店、一九六五年
マルクス「ルイ・ボナパルトのブリュメール一八日」『マルクス＝エンゲルス全集　第8巻』大内兵衛、細川嘉六監訳、大月書店、一九六二年
エンゲルス「反デューリング論」『マルクス＝エンゲルス全集　第20巻』大内兵衛、細川嘉六監訳、大月書店、一九六八年

ソレル『暴力論（上）（下）』木下半治訳、岩波文庫、一九三三年
ヴァルター・ベンヤミン『暴力批判論　他十篇』野村修編訳、岩波文庫、一九九四年
バクーニン「国家と無政府」『バクーニン　Ⅰ』石堂清倫訳、アナキズム叢書、三一書房、一九七〇年
バクーニン「パリ・コミューンと国家の観念」『バクーニン　Ⅰ』江口幹訳、アナキズム叢書、三一書房、一九七〇年
ホブズボーム『革命家たち―同時代的論集Ⅰ』斉藤孝、松野妙子訳、未来社、一九七八年

〈第四章〉

マルクス「フランスにおける内乱」『マルクス＝エンゲルス全集　第17巻』大内兵衛、細川嘉六監訳、大月書店、一九六六年
レーニン『帝国主義論』角田安正訳、光文社古典新訳文庫、二〇〇六年
レーニン『共産主義における「左翼」小児病』朝野勉訳、国民文庫、大月書店、一九五三年
レーニン『国家と革命』宇高基輔訳、岩波文庫、一九五七年
レーニン『国家論ノート』村田陽一訳、国民文庫、大月書店、一九七三年
トロツキー『裏切られた革命』藤井一行訳、岩波文庫、一九九二年
トロツキー『ロシア革命史　〈5〉』藤井一行訳、岩波文庫、二〇〇一年

スターリン『レーニン主義の基礎』スターリン全集刊行会訳、国民文庫、大月書店、一九五二年
ダニエル・ベンサイド『21世紀マルクス主義の模索』湯川順夫訳、柘植書房新社、二〇一一年

〈第五章〉

ジョン・リード『世界をゆるがした十日間（上）（下）』原光雄訳、岩波文庫、一九五七年
エルネスト・マンデル『後期資本主義　全三巻』飯田裕康、的場昭弘、山本啓訳、柘植書房、一九八〇―一九八一年
フランソワ・フュレ『幻想の過去―20世紀の全体主義』楠瀬正浩訳、バジリコ、二〇〇七年
シモーヌ・ヴェイユ『自由と社会的抑圧』冨原眞弓訳、岩波文庫、二〇〇五年
スピノザ『エチカ　上下巻』畠中尚志訳、岩波文庫、一九五一年
アレクシス・ド・トクヴィル『旧体制と大革命』小山勉訳、ちくま学芸文庫、一九九八年
ハンナ・アレント『革命について』志水速雄訳、ちくま学芸文庫、一九九五年
Althusser, Louis, Solitude de Machiavel, Actuel Marx, Presses Universitaires de France, 1998.
ポール・リクール『イデオロギーとユートピア』川﨑惣一訳、新曜社、二〇一一年
アンリ・ルフェーヴル『「五月革命」論―突入―ナンテールから絶頂へ』森本和夫訳、筑摩書房、一九六九年

喜安朗『パリの聖月曜日』平凡社、一九八二年
トロツキー『ロシア革命史〈5〉』藤井一行訳、岩波文庫、二〇〇一年
アントニオ・ネグリ、マイケル・ハート『〈帝国〉』水嶋一憲他訳、以文社、二〇〇三年

〈終章〉

ジョン・ホロウェイ『革命　資本主義に亀裂をいれる』高祖岩三郎、篠原雅武訳、河出書房新社、二〇一一年
Hessel, Stéphane, Indignez-vous!, Indigène éditions, 2011.

的場昭弘（まとば・あきひろ）
1952年、宮崎県生まれ。神奈川大学経済学部定員外教授。慶應義塾大学大学院経済学研究科博士課程修了、経済学博士。著書に『復権するマルクス』（佐藤優氏との共著、角川新書）、『大学生に語る資本主義の200年』『超訳「資本論」』全3巻（祥伝社新書）、『一週間de資本論』（NHK出版）、『マルクスだったらこう考える』『ネオ共産主義論』（光文社新書）、『未完のマルクス』（平凡社）、『マルクスに誘われて』（亜紀書房）、訳書にカール・マルクス『新訳 共産党宣言』（作品社）ほか多数。

本書は書き下ろしです。

「革命《かくめい》」再考《さいこう》
資本主義後《しほんしゅぎご》の世界《せかい》を想《おも》う

的場《まとば》昭弘《あきひろ》

2017年 1月10日　初版発行

発行者　郡司 聡
発　行　株式会社KADOKAWA
東京都千代田区富士見2-13-3　〒102-8177
電話　0570-002-301（カスタマーサポート・ナビダイヤル）
受付時間 9:00～17:00（土日 祝日 年末年始を除く）
http://www.kadokawa.co.jp/

装 丁 者　緒方修一（ラーフイン・ワークショップ）
ロゴデザイン　good design company
オビデザイン　Zapp! 白金正之
印 刷 所　暁印刷
製 本 所　BBC

角川新書

ISBN978-4-04-082121-4 C0231